Précis de finance

G. Sauvageot

Du même auteur dans la même collection :
Précis de comptabilité
Précis de fiscalité

NATHAN

SOMMAIRE

MODE D'EMPLOI

Le livre présente une structure originale, caractérisée par des doubles pages qui fonctionnent de la façon suivante :

à gauche

Une page de synthèse : elle apporte les informations essentielles sur la question traitée.

Un repérage en six rubriques pour l'étude de la finance.

Un titre annonce le sujet de la double page.

Quelques lignes d'introduction présentent les points essentiels du sujet traité.

à droite

Une page d'explications et d'éclairage pratique : elle précise, elle complète, elle propose des applications.

L'objectif de la page de droite.

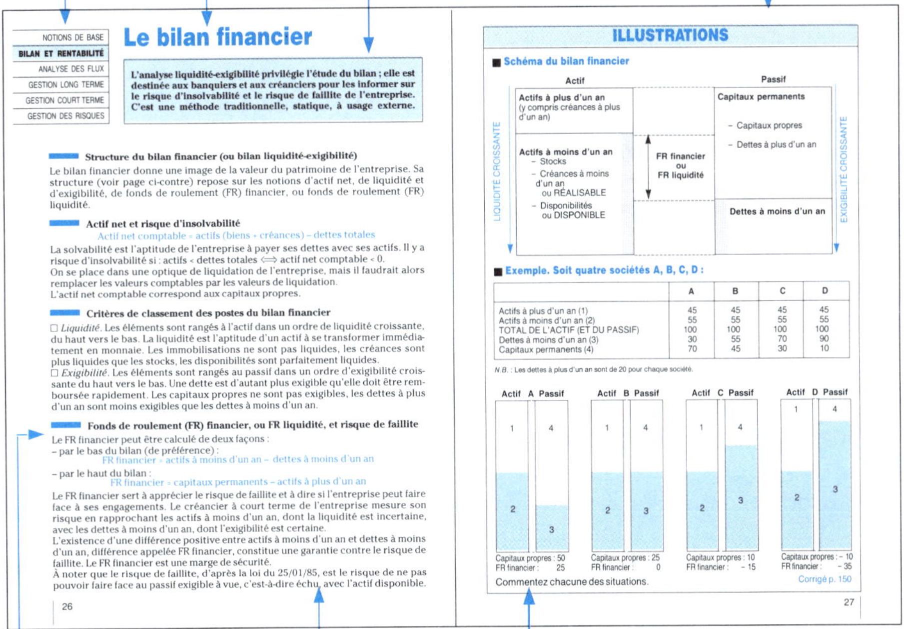

NOTIONS DE BASE
BILAN ET RENTABILITÉ
ANALYSE DES FLUX
GESTION LONG TERME
GESTION COURT TERME
GESTION DES RISQUES

Le bilan financier

L'analyse liquidité-exigibilité privilégie l'étude du bilan ; elle est destinée aux banquiers et aux créanciers pour les informer sur le risque d'insolvabilité et le risque de faillite de l'entreprise. C'est une méthode traditionnelle, statique, à usage externe.

Structure du bilan financier (ou bilan liquidité-exigibilité)

Le bilan financier donne une image de la valeur du patrimoine de l'entreprise. Sa structure (voir page ci-contre) repose sur les notions d'actif net, de liquidité et d'exigibilité, de fonds de roulement (FR) financier, ou fonds de roulement (FR) liquidité.

Actif net et risque d'insolvabilité

Actif net comptable = actifs (biens + créances) – dettes totales

La solvabilité est l'aptitude de l'entreprise à payer ses dettes avec ses actifs. Il y a risque d'insolvabilité si : actifs < dettes totales ⟺ actif net comptable < 0.
On se place dans une optique de liquidation de l'entreprise, mais il faudrait alors remplacer les valeurs comptables par les valeurs de liquidation.
L'actif net comptable correspond aux capitaux propres.

Critères de classement des postes du bilan financier

☐ *Liquidité*. Les éléments sont rangés à l'actif dans un ordre de liquidité croissante, du haut vers le bas. La liquidité est l'aptitude d'un actif à se transformer immédiatement en monnaie. Les immobilisations ne sont pas liquides, les créances sont plus liquides que les stocks, les disponibilités sont parfaitement liquides.
☐ *Exigibilité*. Les éléments sont rangés au passif dans un ordre d'exigibilité croissante du haut vers le bas. Une dette est d'autant plus exigible qu'elle doit être remboursée rapidement. Les capitaux propres ne sont pas exigibles, les dettes à plus d'un an sont moins exigibles que les dettes à moins d'un an.

Fonds de roulement (FR) financier, ou FR liquidité, et risque de faillite

Le FR financier peut être calculé de deux façons :
– par le bas du bilan (de préférence) :
FR financier = actifs à moins d'un an – dettes à moins d'un an
– par le haut du bilan :
FR financier = capitaux permanents – actifs à plus d'un an

Le FR financier sert à apprécier le risque de faillite et à dire si l'entreprise peut faire face à ses engagements. Le créancier à court terme de l'entreprise mesure son risque en rapprochant les actifs à moins d'un an, dont la liquidité est incertaine, avec les dettes à moins d'un an, dont l'exigibilité est certaine.
L'existence d'une différence positive entre actifs à moins d'un an et dettes à moins d'un an, différence appelée FR financier, constitue une garantie contre le risque de faillite. Le FR financier est une marge de sécurité.
À noter que le risque de faillite, d'après la loi du 25/01/85, est le risque de ne pas pouvoir faire face au passif exigible à vue, c'est-à-dire échu, avec l'actif disponible.

26

ILLUSTRATIONS

■ **Schéma du bilan financier**

■ **Exemple. Soit quatre sociétés A, B, C, D :**

	A	B	C	D
Actifs à plus d'un an (1)	45	45	45	45
Actifs à moins d'un an (2)	55	55	55	55
TOTAL DE L'ACTIF (ET DU PASSIF)	100	100	100	100
Dettes à moins d'un an (3)	30	55	70	90
Capitaux permanents (4)	70	45	30	10

N.B. : Les dettes à plus d'un an sont de 20 pour chaque société.

Commentez chacune des situations.

Corrigé p. 150

27

Quelques paragraphes avec des repères de lecture, pour mieux saisir l'essentiel d'un seul coup d'œil ; les mots importants sont répertoriés dans un index alphabétique à la fin du livre.

Selon le sujet, figurent des exemples, des modèles, des calculs, des schémas, des exercices tous corrigés en fin d'ouvrage.

La comptabilité, fondement de la finance

L'analyse financière est une étude méthodique de l'information comptable dont la synthèse est présentée dans trois comptes annuels : le bilan, le compte de résultat et l'annexe.

Le bilan

□ À la fin de l'exercice annuel, généralement le 31 décembre, l'entreprise présente son bilan, qui est l'inventaire des ressources dont elle dispose à cette date (capitaux propres apportés par les associés et dettes) et des emplois réalisés grâce à ces ressources (biens durables, stocks, créances, disponibilités). Les emplois figurent à l'actif du bilan, à gauche, et les ressources au passif, à droite. L'égalité nécessaire entre les ressources et les emplois entraîne celle de l'actif et du passif.

□ Le bilan donne une image du patrimoine de l'entreprise à une date donnée et une mesure de sa richesse par les capitaux propres :

Capitaux propres = actif total – dettes

□ L'établissement du bilan repose sur un certain nombre de principes comptables qui sont des conventions. Ainsi, la comptabilité ignore généralement la dépréciation monétaire, sauf s'il y a exceptionnellement réévaluation des bilans. Les biens acquis entrent dans le patrimoine à leur prix d'achat et sont conservés à ce prix (même si leur valeur augmente sur le marché), jusqu'à leur sortie du patrimoine. Cependant, si leur valeur diminue, le principe de prudence conduit à enregistrer la dépréciation. Cette démarche entraîne des déformations systématiques dans les évaluations.

□ La fiscalité exerce une forte emprise sur la comptabilité en France. Certaines pratiques comptables (amortissements, provisions), liées à l'obtention d'avantages fiscaux, introduisent des biais importants dans le bilan.

Le compte de résultat

□ Il est destiné à exprimer la variation de la richesse de l'entreprise dans l'exercice, par différence entre les produits et les charges :

Résultat = produits – charges

□ Les produits sont des enrichissements, des productions, et les charges des appauvrissements, des consommations. Ils naissent des engagements pris par les agents économiques, des contrats passés, et ne se confondent pas avec les mouvements de trésorerie, qui sont des recettes et dépenses :

Variation de la trésorerie = recettes – dépenses

□ La mesure du résultat tient compte de la dépréciation du capital, dont l'évaluation (dotations aux amortissements et provisions) est approximative et arbitraire.

L'annexe

L'annexe complète et commente l'information fournie par le bilan et le compte de résultat. L'information doit être comprise par le plus grand nombre, elle doit être significative, claire et succincte.

STRUCTURE DES COMPTES ANNUELS

■ Le bilan du Plan comptable général (PCG) dans le système de base

Actif	Passif
Actif immobilisé Immobilisations incorporelles Immobilisations corporelles Immobilisations financières	**Capitaux propres** Capital, primes Réserves Report à nouveau (+ ou −) Résultat de l'exercice (+ ou −) Subventions d'investissement Provisions réglementées
Actif circulant Stocks et en-cours Avances et acomptes versés sur commandes Créances Valeurs mobilières de placement (VMP) Disponibilités	**Provisions pour risques et charges**
Comptes de régularisation Charges constatées d'avance Charges à répartir sur plusieurs exercices	**Dettes** Emprunts Avances et acomptes reçus sur commandes Dettes fournisseurs Dettes fiscales et sociales Dettes sur immobilisations et autres dettes
Primes de remboursement des obligations Écarts de conversion-actif	**Comptes de régularisation** Produits constatés d'avance Écarts de conversion-passif

■ Le compte de résultat du Plan comptable général (PCG) dans le système de base

Charges	Produits
Charges d'exploitation (y compris DAP[1])	Produits d'exploitation (y compris RAP[2])
Quote-part de résultat sur opérations faites en commun	Quote-parts de résultat sur opérations faites en commun
Charges financières (y compris DAP[1])	Produits financiers (y compris RAP[2])
Charges exceptionnelles (y compris DAP[1])	Produits exceptionnels (y compris RAP[2])
Participation des salariés Impôt sur les bénéfices	
Bénéfice (solde créditeur)	**Perte (solde débiteur)**

1. DAP = dotations aux amortissements et provisions.
2. RAP = reprises sur amortissements et provisions.

L'actif immobilisé

L'actif du bilan du PCG comprend, de haut en bas : l'actif immobilisé, l'actif circulant, les comptes de régularisation, les primes de remboursement des obligations et les écarts de conversion actif. L'actif immobilisé est subdivisé en immobilisations incorporelles, corporelles et financières.

Immobilisations incorporelles

☐ *Frais d'établissement.* Ils conditionnent l'existence ou le développement de l'entreprise, sans pouvoir être rapportés à des productions de biens ou de services déterminés. Ce sont les frais de constitution (droits d'enregistrement, honoraires), les frais de premier établissement (prospection, publicité), les frais d'augmentation de capital. Amortissables linéairement dans un délai maximum de 5 ans, ils n'ont pas de valeur (= non-valeurs).

☐ *Frais de recherche et de développement.* Ils correspondent à des efforts réalisés par l'entreprise pour son propre compte. On les enregistre normalement en charges ; exceptionnellement, les frais de recherche appliquée (non fondamentale) et de développement sont portés à l'actif s'ils ont de sérieuses chances de réussite technique et de rentabilité commerciale. Ce sont des non-valeurs dans une optique de liquidation.

☐ *Concessions, brevets, licences, marques, procédés, etc.* Il s'agit de dépenses faites pour obtenir la protection accordée à l'inventeur, à l'auteur ou au bénéficiaire du droit d'exploitation d'un brevet, d'une licence, d'une marque, d'un procédé. Peuvent y être inscrits également les logiciels créés ou acquis, à usage interne ou commercial, qui sont destinés à servir de façon durable à l'activité de l'entreprise.

☐ *Fonds commercial.* Il regroupe les éléments acquis du fonds de commerce qui ne peuvent figurer à d'autres postes du bilan et qui constituent une survaleur, à savoir : droit au bail, clientèle, achalandage, nom commercial.

Immobilisations corporelles

Ce sont les terrains, les constructions, les installations techniques, matériels et outillages industriels (ITMOI), les autres immobilisations corporelles (matériel de transport, matériel et mobilier de bureau), les immobilisations corporelles en cours, les avances et acomptes versés. Il s'agit de biens durables acquis (sauf les avances).

Immobilisations financières

Cette catégorie d'immobilisations regroupe certains titres et certaines créances : participations, créances rattachées à des participations, autres titres immobilisés, prêts, dépôts et cautionnements versés.

☐ Sont des titres de participation les titres dont la possession durable est estimée utile à l'activité de l'entreprise, parce qu'elle permet d'exercer une influence sur la société émettrice, ou d'en assurer le contrôle.

☐ Les créances rattachées à des participations apparaissent quand le créancier détient une participation dans l'entreprise débitrice.

☐ Les autres titres immobilisés sont des actions, ou des obligations, que l'entreprise n'a pas l'intention, ou la possibilité, de revendre à bref délai.

EXEMPLE

Voici pour l'entreprise WA, un extrait de son bilan au 31/12/N et deux tableaux tirés de l'annexe : tableau des immobilisations, tableau des amortissements.

	Actif (en milliers de francs)	Exercice N			Exercice N-1
		brut	A et P(1)	Net	Net
Actif immobilisé	Frais d'établissement	12	8	4	6
	Fonds commercial	100		100	100
	Terrains	328		328	302
	Constructions	1 116	282	834	894
	Installations techniques	1 686	806	880	804
	Autres immobilisations corporelles	908	438	470	438
	Prêts	240		240	300
	TOTAL I	4 390	1 534	2 856	2 844

(1) Amortissements et provisions (à déduire)

Immobilisations (en milliers de francs)	Valeur brute au 31/12/N–1	Augmentations	Diminutions	Valeur brute au 31/12/N
Frais d'établissement	10	2		12
Fonds commercial	100			100
Terrains	302	26		328
Constructions	1 116			1 116
Installations techniques	1 442	244		1 686
Autres immobilisations corporelles	768	202	62	908
Prêts	300		60	240
TOTAL	4 038	474	122	4 390

Amortissements (en milliers de francs)	Amortissements cumulés au 31/12/N–1	Augmentations	Diminutions	Amortissements cumulés au 31/12/N
Frais d'établissement	4	4		8
Constructions	222	60		282
Installations techniques	638	168		806
Autres immobilisations corporelles	330	144	36	438
TOTAL	1 194	376	36	1 534

Commentaires

– *Bilan*

• Colonne brut (N) : il s'agit du coût d'acquisition (ou de production) des immobilisations.

• Colonne A et P : ce sont les amortissements cumulés, ou les provisions, au 31/12/N.

• Colonne net : c'est la différence entre le brut et les amortissements cumulés ou les provisions.

– *Immobilisations* : les augmentations représentent les acquisitions (créations) d'immobilisations en N ; les diminutions sont soit des cessions exprimées à la valeur d'origine (62), soit des remboursements des prêts augmentant la trésorerie (60), pendant l'année N.

– *Amortissements* : les augmentations sont les dotations aux amortissements de l'exercice N et les diminutions correspondent aux amortissements cumulés relatifs aux cessions de N.

N.B. : La valeur nette comptable des cessions est égale à : 62 – 36 = 26

L'actif circulant

Les éléments figurant à l'actif du bilan du PCG sont classés en fonction de la destination des biens dans l'entreprise. L'actif circulant comprend les stocks et en-cours, les avances et acomptes versés sur commandes, les créances, les valeurs mobilières de placement (VMP), les disponibilités.

Stocks et en-cours

On distingue dans les stocks proprement dits les approvisionnements (matières premières, matières consommables, fournitures), les produits (produits intermédiaires, finis, résiduels), les emballages, les marchandises. Les en-cours sont des biens ou des services en cours de formation dans le processus de production.

☐ L'évaluation à l'entrée dans le patrimoine est faite au coût d'acquisition ou au coût de production. Pour les éléments interchangeables, on calcule le coût de sortie des stocks sur la base du coût moyen pondéré (CMP) ou de la méthode « premier entré, premier sorti » (PEPS).

☐ À l'arrêté des comptes, on compare valeur d'entrée et valeur actuelle (fonction du marché et de l'utilité) : si la valeur actuelle est inférieure à la valeur d'entrée, une provision pour dépréciation d'actif est constituée, pour la différence. Si la valeur actuelle est supérieure à la valeur d'entrée, cette dernière est conservée en comptabilité.

Créances

☐ Le système développé distingue les créances d'exploitation et les créances diverses (hors exploitation) comme indiqué ci-après :

Système de base	Système développé
Créances	Créances d'exploitation
Créances clients et comptes rattachés	Créances clients et comptes rattachés
Autres →	→ Autres
	→ Créances diverses
Capital souscrit-appelé, non versé	Capital souscrit-appelé, non versé

☐ La rubrique « Capital souscrit-appelé, non versé » représente les sommes appelées restant à verser par les actionnaires, en cas d'appels successifs du capital.

Valeurs mobilières de placement (VMP)

Ce sont des titres acquis en vue de réaliser un gain à brève échéance. Il peut s'agir d'actions, d'obligations, de bons de caisse à court terme, de parts de fonds communs de placement ou de SICAV.

Disponibilités

Elles comprennent les comptes banques débiteurs, chèques postaux, caisse, mais non les concours bancaires courants, ou les comptes banques créditeurs, mis au passif dans les « dettes auprès des établissements de crédit ».

ÉVALUATION DES STOCKS

Données d'un exemple

n°	STOCKS	31/12/N-1			31/12/N		
		Valeur d'entrée	Valeur actuelle	Provision	Valeur d'entrée	Valeur actuelle	Provision
31	Matières premières	20	19	1	15	13	2
33	En-cours de production de biens	40	38	2	35	36	0
355	Produits finis	54	57	0	60	57	3
37	Marchandises	18	14	4	12	11	1

Détermination de la provision en fin d'exercice

Selon le principe de prudence, il faut tenir compte, dans les évaluations, des diminutions de valeur probables, ou même éventuelles, susceptibles d'amputer le patrimoine et le résultat de l'entreprise, les augmentations de valeur n'étant enregistrées que lorsqu'elles sont certaines.

Cela conduit à retenir comme évaluation au bilan la plus faible des deux valeurs suivantes : valeur d'entrée ou valeur actuelle.

Deux cas doivent être distingués :

– *1er cas : valeur actuelle < valeur d'entrée* : il existe alors une moins-value de détention, non définitive, calculée comme suit : Moins-value = valeur actuelle – valeur d'entrée.

Une provision doit figurer à l'actif du bilan pour la moins-value, qui viendra se retrancher de la valeur d'entrée placée dans la colonne « Brut », pour donner le « Net ».

– *2e cas : valeur actuelle ≥ valeur d'entrée* : il y a une plus-value non certaine qui ne sera pas enregistrée ; seule apparaît au bilan la valeur d'entrée, dans la colonne « Brut » et dans la colonne « Net ».

Présentation de l'actif du bilan au 31/12/N (système de base)

	ACTIF	Exercice N			Exercice N-1
		Brut	Amortissements et provisions (à déduire)	Net	Net
ACTIF CIRCULANT	**Stocks et en-cours**				
	Matières premières	15	2	13	19
	En-cours de production de biens	35		35	38
	Produits finis	60	3	57	54
	Marchandises	12	1	11	14
	Avances et acomptes versés sur commandes				
	Créances				
	Créances clients et comptes rattachés				
	Autres				
	Capital souscrit-appelé, non versé				
	Valeurs mobilières de placement				
	Actions propres				
	Autres titres				
	Disponibilités				

Le bas de l'actif du bilan

On trouve, au bas de l'actif du bilan du PCG, les comptes de régularisation, les primes de remboursement des obligations et les écarts de conversion-actif. Ces éléments doivent être bien connus en raison des retraitements qu'ils nécessitent en finance.

Comptes de régularisation

☐ *Charges constatées d'avance.* Il s'agit de charges engagées dans l'exercice mais qui concernent un exercice ultérieur ; pour cette raison, elles représentent une créance en nature vis-à-vis de l'exercice suivant (ou des exercices suivants).

☐ *Charges à répartir sur plusieurs exercices.* Elles comprennent les charges différées, les frais d'acquisition des immobilisations, les frais d'émission des emprunts, les charges à étaler. Ce sont des charges engagées pendant l'exercice, à répartir sur cet exercice et les exercices suivants, parce que l'activité de l'entreprise le justifie. L'étalement de ces charges se fait par amortissement direct, si bien qu'elles figurent en net (et non en brut) dans le bilan. Les charges à répartir sont généralement sans valeur (= non-valeurs).

Primes de remboursement des obligations

☐ La prime de remboursement est la différence entre le prix de remboursement R et le prix d'émission E d'une obligation. En introduisant la valeur nominale C de l'obligation, à partir de laquelle est calculé l'intérêt, la prime de remboursement peut être décomposée en deux éléments :
– la prime en dehors, ou prime de remboursement au sens strict, égale à R – C,
– la prime en dedans, ou prime d'émission, égale à C – E.

$$\text{Prime de remboursement} = R - E = (R - C) + (C - E)$$

Si la société émet N obligations, elle enregistre dans les dettes l'emprunt obligataire à la valeur de remboursement, soit NR, en disponibilités à l'actif la somme reçue NE et en primes de remboursement à l'actif le montant NR - NE.

☐ Les primes sont amorties par amortissement direct sur la durée de l'emprunt, au prorata des intérêts courus. Ce sont des non-valeurs.

Écarts de conversion-actif

☐ Il s'agit de pertes latentes, non définitives, sur créances et dettes en monnaies étrangères, déterminées comme suit. À leur date d'entrée dans le patrimoine, les créances et dettes en monnaies étrangères sont converties en francs sur la base du cours du change en vigueur à cette date.

☐ Si, en fin d'exercice, l'application du taux de conversion, à la date de l'arrêté des comptes, modifie les montants en francs calculés précédemment et fait apparaître des pertes latentes (diminution des créances ou augmentation des dettes), ces pertes sont portées à l'actif du bilan, dans les écarts de conversion-actif. De plus, elles font l'objet d'une provision pour risques (pertes de change), par application du principe de prudence.

EXEMPLES

■ Opérations

La société AWL a réalisé, entre autres, les opérations suivantes au cours de l'exercice N :
1. Versement du loyer trimestriel de 30 KF (KF = kilofranc = 1 000 francs) pour la période allant du 01/11/N au 31/01/N + 1 (loyer payé d'avance).
2. Importante réparation d'un matériel technique, non couverte par la garantie du constructeur, ayant entraîné une charge d'exploitation de 500 KF, qu'il a été décidé de répartir sur cinq années (exercices N à N + 4).
3. Émission le 01/07/N de 10 000 obligations de nominal 2 000 F, au prix d'émission de 1 950 F, toutes remboursables à 2 100 F dans 10 ans. L'amortissement des primes de remboursement est fait sur 10 ans, au prorata des intérêts courus (taux d'intérêt nominal annuel : 8 %).
4. Achat de marchandises à crédit en Allemagne, pour 100 000 DM (DM = deutsche mark), au cours de 335 F pour 100 DM, en novembre N. Le 31/12/N à la fin de l'exercice N, le cours est de 350 F pour 100 DM. Le règlement est prévu en janvier N + 1.

■ Extrait du bilan au 31/12/N (en KF)

ACTIF (partie inférieure)	Exercice N			Exercice N-1
	Brut	A et P (1)	Net	Net
Charges constatées d'avance	10		10	
Charges à répartir sur plusieurs exercices	400		400	
Primes de remboursement des obligations	1 425		1 425	
Écarts de conversion - actif	15		15	

(1) Amortissements et provisions (à déduire).

■ Commentaires

– *Opération 1 : charges constatées d'avance.* On doit retirer des charges enregistrées en N (soit 30 KF) le loyer de janvier N + 1, c'est-à-dire 10 KF. Il s'agit d'une créance sur l'exercice N + 1.

– *Opération 2 : charges à répartir sur plusieurs exercices.* La charge de 500 KF est répartie sur les exercices N à N + 4, à raison de 100 KF pour chacune des années. Le compte « charges à répartir » est amputé chaque année, en fin d'exercice, de 100 KF, à partir de N inclus (amortissement direct). Il reste 400 KF à amortir après N.

– *Opération 3 : primes de remboursement des obligations.* La prime de remboursement d'une obligation vaut : 2 100 – 1 950 = 150 F, soit pour 10 000 obligations 1 500 KF. On verse à chaque anniversaire de l'emprunt (jusqu'au 01/07/N + 10) et à chaque obligation vivante un intérêt (coupon) de : 2 000 x 8 % = 160 F. Au 31/12/N, les intérêts courus pour 6 mois représentent un demi-coupon, par rapport à 10 années (10 coupons), soit 1/20 du total des intérêts. L'amortissement des primes en N vaut donc : 1 500 KF x 1/20 = 75 KF et il reste à amortir pour les exercices suivants : 1 500 KF – 75 KF = 1 425 KF.

– *Opération 4 : écarts de conversion-actif :* la perte latente au 31/12/N vaut : (350 F – 335 F) x 1 000 = 15 KF. Une provision pour risques de 15 KF doit être constituée également ; elle apparaît au passif du bilan.

■ Exercice

En ne retenant que les opérations 2 et 3, présentez l'extrait du bilan au 31/12/ N + 1, 31/12/N + 2, 31/12/N + 3 et 31/12/N + 4

Corrigé p. 150

Le passif du bilan : les capitaux propres

Les capitaux propres comprennent : le capital, les primes et les réserves, le report à nouveau, le résultat de l'exercice et les autres capitaux propres.

Capital, primes et réserves

□ Le capital est égal au produit du nombre d'actions, ou de parts sociales, par leur valeur nominale.
□ Les primes représentent l'excédent de la valeur des apports des associés par rapport à la valeur nominale des parts sociales ; elles se justifient par l'existence de réserves, ou de plus-values latentes, au bilan de la société qui fait une augmentation de capital, si bien que le prix d'émission des parts sociales est supérieur à leur valeur nominale. La prime d'émission est la différence entre le prix d'émission et la valeur nominale.
□ Les réserves sont des bénéfices conservés durablement par l'entreprise jusqu'à décision contraire des organes compétents.

Report à nouveau

Il enregistre les bénéfices (ou les pertes) antérieurs non encore affectés. Il peut être bénéficiaire (solde créditeur) et il est inscrit en plus au passif du bilan ; il peut être déficitaire (solde débiteur) et il est inscrit en moins au passif du bilan.

Résultat de l'exercice

Il est inscrit au passif du bilan avant répartition, en plus s'il s'agit d'un bénéfice, en moins en cas de perte. Lors de son affectation, le bénéfice est, pour partie, conservé par l'entreprise (réserves, report à nouveau) et distribué pour le reste (dividendes). Il disparaît du bilan après répartition.

Autres capitaux propres

□ Les subventions d'investissement sont des aides dont bénéficie l'entreprise, en vue d'acquérir des valeurs immobilisées ou de financer des activités à long terme. Elles constituent un élément du résultat imposable de l'exercice en cours à la date de leur versement ; cependant des dérogations sont prévues permettant une imposition échelonnée comme suit :
– subventions pour l'achat d'immobilisations amortissables : la partie imposable est égale au montant de la dotation aux amortissements des immobilisations acquises au moyen de la subvention ;
– subventions pour l'achat d'immobilisations non amortissables :
partie imposable = subvention $\times \frac{1}{n}$ (avec n = nombre d'années pendant lesquelles les immobilisations sont inaliénables, ou, à défaut de clause d'inaliénabilité, n = 10).
□ Les provisions réglementées ne sont pas de vraies provisions mais des réserves non définitivement libérées de l'impôt. On peut citer : les provisions pour investissement, pour hausse des prix, pour fluctuation des cours, les amortissements dérogatoires.

EXEMPLES

Subvention d'investissement

Une entreprise a reçu, au début de l'exercice N, une subvention d'investissement de 1 200 KF qui lui a permis d'acquérir un matériel amortissable linéairement sur 5 ans (soit 240 KF par an). À la fin de N, une reprise de la subvention, égale à 240 KF, sera effectuée au compte de résultat (débit de la subvention, qui diminuera au passif du bilan, et crédit du compte n° 777 : « Quote-part des subventions d'investissement virée au résultat de l'exercice ». Ce compte correspond à un produit calculé, non encaissable. La reprise de la subvention entraîne un supplément d'impôt de : 240 KF x 33 $^{1/3}$% = 80 KF.
Les quatre années suivantes, la même procédure se reproduira en fin d'exercice. En conséquence, la subvention figurant au passif du bilan comprend un impôt différé de : 1 200 KF x 33 $^{1/3}$% = 400 KF.
Dans une analyse du bilan, cet impôt sera à mettre dans les dettes.

Provision réglementée (provision pour hausse des prix)

Les entreprises peuvent constituer une provision pour hausse des prix si le prix d'une matière ou d'un produit en stock augmente de plus de 10 % pendant une période égale au plus à deux exercices successifs. Cette provision est déductible pour le calcul de l'impôt.
Ainsi, le prix unitaire d'une matière M1 est le suivant : 31/12/N – 3 : 100 F ; 31/12/N – 2 : 100 F ; 31/12/N – 1 : 107 F ; 31/12/N : 116 F. La quantité de M1 en stock au 31/12/N est de 1 000. Aucune provision n'a été constituée au 31/12/N – 1, car la variation de prix était limitée à 7 %. Au 31/12/N, la variation de prix a été de 16 % par rapport au 31/12/N – 2. Le franchissement du seuil de 10 % est réalisé et la provision se calcule ainsi :

$$(116\ \text{F} - 1{,}10 \times 100\ \text{F}) \times 1\,000 - \underbrace{\text{provision de N} - 1}_{\text{nulle}} = 6\,000\ \text{F}$$

La déductibilité fiscale de la dotation aux provisions est limitée à 6 ans : la provision doit être réintégrée au résultat au cours de la sixième année qui suit cette dotation, c'est-à-dire ici au cours de l'année N + 6. Il existe donc dans la provision un impôt différé, pendant 6 ans, de 2 000 F (avec un taux d'impôt de 33 $^{1/3}$%).

Exercice : affectation du résultat

Voici le passif du bilan de la SA ALIX avant et après répartition du résultat de N (en KF) :

Capitaux propres avant répartition (1)		Capitaux propres après répartition (2)		Écart (2) – (1)
Capital (2 500 actions)	250	Capital	250	0
Réserve légale	24,5	Réserve légale	25	0,5
Autres réserves	9	Autres réserves	17,7	8,7
Report à nouveau	0,2	Report à nouveau	1	0,8
Résultat de l'exercice	30			- 30
Dettes diverses	100	Dettes diverses	120	20

Commentez l'affectation du résultat de l'année N.

Corrigé p. 150

Le passif du bilan (suite)

En dehors des capitaux propres, le passif comprend les provisions pour risques et charges, les dettes, les comptes de régularisation et les écarts de conversion-passif. L'annexe fournit l'état des échéances des dettes (et des créances) à la clôture de l'exercice.

Provisions pour risques et charges

□ Elles sont destinées à couvrir des risques et des charges, nettement précisés quant à leur objet, que des événements survenus ou en cours rendent probables.
□ Principales provisions : elles figurent dans le tableau ci-contre (p. 15).

Dettes

Dans le système développé, les dettes sont classées en dettes financières, dettes d'exploitation et dettes diverses (hors exploitation).
□ *Dettes financières.* Elles comprennent les emprunts obligataires convertibles, les autres emprunts obligataires, les emprunts et dettes auprès des établissements de crédit, les emprunts et dettes financières divers. Il s'agit de dettes de caractère financier, y compris les intérêts courus les concernant. Elles sont généralement durables (emprunts) mais la rubrique « Emprunts et dettes auprès des établissements de crédit » renferme les concours bancaires courants, qui sont des dettes à l'égard des banques contractées en raison de besoins de trésorerie résultant des opérations d'exploitation.
□ *Dettes d'exploitation et dettes diverses (hors exploitation).* Le passage des dettes du système de base à celles du système développé est décrit ci-dessous :

Système de base (PCG)	Système développé (PCG)
	Dettes d'exploitation
Dettes fournisseurs et comptes rattachés	• Dettes fournisseurs et comptes rattachés
Dettes fiscales et sociales	• Dettes fiscales et sociales
	• Autres
	Dettes diverses
Dettes sur immobilisations et comptes rattachés	• Dettes sur immobilisations et comptes rattachés
	• Dettes fiscales (impôts sur les bénéfices)
Autres dettes	• Autres

Comptes de régularisation

Il s'agit des produits constatés d'avance, c'est-à-dire des produits perçus ou comptabilisés avant que les prestations les justifiant aient été effectuées. Ce sont de véritables dettes vis-à-vis de l'exercice suivant.

Écarts de conversion-passif

Ce sont des gains latents qui apparaissent en fin d'exercice entre, d'une part, la valeur des créances et des dettes libellées en monnaies étrangères calculée en fonction du taux de change à l'arrêté des comptes et, d'autre part, leur valeur d'origine obtenue à partir du taux de change en vigueur à leur entrée dans le patrimoine. Ces gains latents proviennent soit d'une augmentation des créances, soit d'une diminution des dettes, et ils sont portés au passif du bilan.

TABLEAU DES PROVISIONS POUR RISQUES ET CHARGES

Provisions	Caractéristiques comptables
Provisions pour risques	N° 151
Provisions pour charges	N°s 153 - 155 - 156 - 157 - 158.
Provisions pour litiges (n° 1511)	À constituer pour les procès en cours, ou en appel. Évaluation = indemnités, intérêts, dommages et intérêts, frais de justice risquant d'être dus.
Provisions pour garanties données aux clients (n° 1512)	À constituer si la charge prévisible résultant des ventes avec garantie a un caractère significatif. Évaluation généralement à partir de statistiques propres à l'entreprise.
Provisions pour pertes sur marchés à terme (n° 1513)	À constituer quand la confrontation du prix de vente effectif avec le prix d'achat espéré (cours à la clôture de l'exercice), ou du prix de vente espéré (cours à la clôture de l'exercice) avec le prix d'achat effectif, laisse prévoir un risque de perte.
Provisions pour pertes de change (n° 1515)	Pour les créances et dettes en monnaie étrangère, lorsque l'application du taux de change à la date d'arrêté des comptes fait apparaître des pertes latentes, il faut constituer une provision pour le montant des pertes. Des exceptions sont prévues pour donner une image fidèle du patrimoine et des résultats.
Autres provisions pour risques (n° 1518)	– Provisions pour indemnités de licenciement : à constituer lorsque le licenciement est annoncé, ou prononcé, avant la clôture de l'exercice, alors que le montant exact des indemnités n'est pas définitivement fixé. – Provisions de propre assureur : à constituer dans les grandes entreprises pour couvrir des risques non assurés.
Provisions pour pensions et obligations similaires (n° 153)	Le montant des engagements de l'entreprise en matière de pensions, de compléments de retraite, d'indemnités ou d'allocations en raison du départ à la retraite des membres du personnel, peut être inscrit au bilan, en tout ou partie, sous forme de provision.
Provisions pour impôts (n° 155)	Il s'agit de la charge probable d'impôt rattachable à l'exercice mais différée dans le temps et dont la prise en compte définitive dépend des résultats futurs. Exemples : redressement fiscal dont l'incidence n'est pas exactement chiffrée, ou étalement de l'impôt engendré par la perception d'une indemnité d'expropriation ou d'assurance.
Provisions pour renouvellement des immobilisations (n° 156)	À constituer par les entreprises concessionnaires qui, en vertu d'obligations contractuelles, doivent assurer le renouvellement des immobilisations.
Provisions pour charges à répartir sur plusieurs exercices (n° 157)	Elles correspondent à des charges prévisibles (exemple : frais pour grosses réparations) qui ne présentent pas un caractère annuel et qui, de ce fait, ne sauraient être supportées par le seul exercice au cours duquel elles sont engagées. Elles font l'objet d'une programmation en fonction de la durée de vie du bien.
Autres provisions pour charges (n° 158)	Exemple : provisions pour charges sociales et fiscales sur congés à payer, qui enregistrent exceptionnellement des charges sociales et fiscales dont le montant ne peut être estimé que statistiquement. Normalement, les charges de cette nature sont portées dans une subdivision des comptes de tiers (charges à payer).

Le compte de résultat : les produits

Les produits sont subdivisés en produits d'exploitation, financiers et exceptionnels. Les particularités de certains produits sont étudiées dans l'optique de la finance.

Chiffre d'affaires et production

☐ Le chiffre d'affaires comprend les ventes liées à une activité commerciale (ventes de marchandises) et/ou à une activité de production (production vendue = ventes de produits, travaux, prestations de services).

☐ La production stockée correspond à la mise en stocks des en-cours de production et des produits. Elle se calcule comme suit :

Production stockée = stock final – stock initial

Si elle est positive, cela signifie que toute la production de l'entreprise pendant l'exercice n'a pas été vendue et qu'une partie a été mise en stock ; si elle est négative, l'entreprise a vendu plus qu'elle n'a produit dans l'exercice, en puisant dans ses stocks.

☐ La production immobilisée est évaluée au coût de production. Il s'agit du coût des immobilisations créées par l'entreprise pour ses besoins propres.

Transferts de charges

Le compte « Transferts de charges » sert, en fin d'exercice, à reclasser des charges enregistrées en cours d'exercice : soit dans un autre compte de charges plus approprié, soit dans un compte de bilan (charges à répartir sur plusieurs exercices). Il est la contrepartie de charges décaissables et, en finance, il faut distinguer les RAP (produits non encaissables) des transferts de charges, qui influent sur la trésorerie. Comme les RAP, les transferts de charges apparaissent dans les produits d'exploitation, financiers, exceptionnels (RAP : voir ci-dessous).

Produits nets sur cessions de valeurs mobilières de placement (VMP)

En cas de cessions de VMP, la différence entre prix de cession et valeur d'origine, si elle est positive, est portée en produits financiers (si elle est négative, elle est placée dans les charges financières).

Produits calculés

☐ Les reprises sur amortissements et provisions (RAP) traduisent des diminutions ou des annulations de provisions (exceptionnellement d'amortissements). Elles figurent dans les trois subdivisions : produits d'exploitation, financiers, exceptionnels. Sur le plan financier, elles constituent des produits calculés, c'est-à-dire des produits non encaissables, donc sans incidence sur la trésorerie.

☐ Les produits exceptionnels sur opérations en capital renferment en particulier : les produits des cessions d'éléments d'actif et la quote-part des subventions d'investissement virée au résultat de l'exercice. Les produits des cessions représentent le prix de vente des éléments d'actif cédés : c'est un produit encaissable ; au contraire, la quote-part constitue un produit calculé, non encaissable (p. 13).

MODÈLE DE COMPTE DE RÉSULTAT DE L'EXERCICE PRODUITS

(Système de base du PCG)

PRODUITS (hors taxes)	Exercice N	Exercice N–1
Produits d'exploitation (1) :		
Ventes de marchandises		
Production vendue (biens et services) *(a)*		
Sous-total A – Montant net du chiffre d'affaires	X	X
dont à l'exportation : ———		
Production stockée *(b)*		
Production immobilisée		
Subventions d'exploitation		
Reprises sur provisions (et amortissements), transferts de charges		
Autres produits		
Sous-total B	X	X
Total (A + B) I	X	X
Quote-parts de résultat sur opérations faites en commun II	X	X
Produits financiers :		
De participation (2)		
D'autres valeurs mobilières et créances de l'actif immobilisé (2)		
Autres intérêts et produits assimilés (2)		
Reprises sur provisions et transferts de charges		
Différences positives de change		
Produits nets sur cessions de valeurs mobilières de placement		
Total III	X	X
Produits exceptionnels :		
Sur opérations de gestion		
Sur opérations en capital		
Reprises sur provisions et transferts de charges		
Total IV	X	X
Total des produits (I + II + III + IV)	X	X
Solde débiteur = perte (3)	X	X
TOTAL GÉNÉRAL	X	X
(1) Dont produits afférents à des exercices antérieurs .... (2) Dont produits concernant les entreprises liées .... (3) Compte tenu d'un résultat exceptionnel avant impôts de		

(a) À inscrire, le cas échéant, sur des lignes distinctes.
(b) Stock final moins stock initial : montant de la variation en moins entre parenthèses ou précédé du signe (–).

Le compte de résultat : les charges

Comme les produits, les charges sont subdivisées en charges d'exploitation, financières et exceptionnelles. Les caractéristiques de certaines charges sont décrites dans une optique financière.

Consommation de marchandises et d'approvisionnements

☐ Le coût d'achat des marchandises vendues (CAMV) concerne l'activité commerciale. En posant : stock initial = Si et stock final = Sf, on le calcule comme suit :

CAMV = achats de marchandises + (Si – Sf) de marchandises

☐ La consommation d'approvisionnements se rapporte à l'activité de production et se calcule comme ci-dessous :

Consommation d'approvisionnements = achats d'approvisionnements + (Si – Sf) d'approvisionnements

Charges calculées

☐ Les dotations aux amortissements et provisions (DAP) correspondent à l'amoindrissement de la valeur de l'entreprise dû à l'usage, au temps, aux changements de techniques, aux risques et charges ou à tout autre cause. Elles figurent, comme les RAP, dans les trois subdivisions : charges d'exploitation, financières, exceptionnelles. Sur le plan financier, elles constituent des charges calculées, c'est-à-dire des charges non décaissables, donc sans incidence sur la trésorerie.

☐ Les charges exceptionnelles sur opérations en capital renferment, en particulier, les valeurs comptables des éléments d'actif cédés. On retiendra :

– pour une immobilisation amortissable :

Valeur comptable = valeur d'origine – amortissements cumulés

– pour une immobilisation non amortissable :

Valeur comptable = valeur d'origine

☐ Bien entendu, les valeurs comptables sont des charges calculées, non décaissables, car le décaissement a eu lieu au moment de l'achat des éléments d'actif.

Participation des salariés aux fruits de l'expansion

Elle est obligatoire pour toute entreprise employant au moins 50 salariés. C'est une charge de l'entreprise, calculée comme suit :

$$\text{Participation} = \frac{1}{2}\left[B - \frac{5}{100}C\right] \times \frac{S}{VA}$$

avec : B = bénéfice imposable de l'exercice ; C = capitaux propres ; S = salaires versés dans l'exercice ; VA = valeur ajoutée.

Impôt sur les bénéfices

Cette rubrique concerne exclusivement les sociétés qui sont soumises à l'impôt sur les sociétés, lequel constitue alors une charge. Le résultat qui apparaît dans le compte de résultat est, pour ces sociétés, un résultat après impôt.

MODÈLE DE COMPTE DE RÉSULTAT DE L'EXERCICE
CHARGES

(Système de base du PCG)

CHARGES (hors taxes)	Exercice N	Exercice N–1
Charges d'exploitation :		
Achats de marchandises		
Variation de stock (stock initial – stock final)		
Achats de matières premières et autres approvisionnements		
Variation de stock (stock initial – stock final)		
Autres achats et charges externes		
Impôts, taxes et versements assimilés		
Salaires et traitements		
Charges sociales		
Dotations aux amortissements et aux provisions :		
Sur immobilisations : dotations aux amortissements		
Sur immobilisations : dotations aux provisions		
Sur actif circulant : dotations aux provisions		
Pour risques et charges : dotations aux provisions		
Autres charges		
Total I	X	X
Quote-part de résultat sur opérations faites en commun (II)	X	X
Charges financières :		
Dotations aux amortissements et aux provisions		
Intérêts et charges assimilées		
Différences négatives de change		
Charges nettes sur cessions de valeurs mobilières de placement		
Total III	X	X
Charges exceptionnelles :		
Sur opérations de gestion		
Sur opérations en capital		
Dotations aux amortissements et aux provisions		
Total IV	X	X
Participation des salariés aux fruits de l'expansion (V)	X	X
Impôt sur les bénéfices (VI))	X	X
Total des charges (I + II + III + IV + V + VI)	X	X
Solde créditeur = bénéfice	X	X
TOTAL GÉNÉRAL	X	X

Les notions de cycle, stock, flux

La finance d'entreprise utilise des procédures qui font référence à des concepts fondamentaux : les notions de cycle, de stock, de flux.

Les cycles dans l'entreprise

Les opérations de l'entreprise sont rattachées à trois cycles principaux :

☐ *Le cycle d'exploitation* : il correspond à l'activité professionnelle, normale et courante, commerciale ou de production, qui nécessite la consommation de matière, de travail, de capital technique, en vue d'assurer la production et les ventes.

☐ *Le cycle d'investissement* : l'activité exige le recours à un ensemble de biens durables regroupés dans l'actif immobilisé au bilan.

☐ *Le cycle de financement* : il rassemble les opérations financières de l'entreprise, c'est-à-dire les opérations d'encaissement, de décaissement, d'emprunt, d'augmentation de capital, de paiement des dividendes.

La notion de stock économique

☐ L'image du stock économique est fournie par le niveau du liquide dans un réservoir à une date donnée. C'est une notion statique, un constat à une époque déterminée, sans dimension par rapport à l'écoulement du temps. Par analogie, on appliquera cette représentation aux postes du bilan et on parlera du stock d'immobilisations, de créances, de disponibilités, etc., à l'actif, et du stock de capital, d'emprunts, de dettes fournisseurs, etc., au passif.

☐ Le bilan est alors le répertoire de tous les « stocks » de l'entreprise.

La notion de flux

	Flux instantanés = mesurés à une date donnée	Flux de période = sommation des flux instantanés
Livraisons physiques de biens ou de services, dettes, créances	Flux réels	Flux de fonds
Règlements en monnaie	Flux de liquidités (ou flux monétaires)	Flux de trésorerie (recettes, dépenses)

☐ Un flux vient modifier l'état du stock : il augmente le stock (flux d'entrée) ou le diminue (flux de sortie). Il existe des livraisons physiques de biens ou de services ; en contrepartie, pour réaliser l'équilibre des échanges, apparaissent des règlements en monnaie, immédiats ou différés. Ces opérations, mesurées à des dates précises, constituent des flux instantanés (flux réels ou flux de liquidités).

☐ On appelle flux de période la sommation des flux instantanés apparus dans la période (la période retenue en comptabilité et en finance est l'exercice annuel).

☐ Si les flux instantanés sont réels, leur sommation périodique est qualifiée de flux de fonds ; s'ils sont monétaires, leur sommation périodique est qualifiée de flux de trésorerie. Les flux de fonds conduisent à terme à des flux de trésorerie : ce sont des flux potentiels de trésorerie.

CYCLE D'EXPLOITATION : PASSAGE DES FLUX DE FONDS AUX FLUX DE TRÉSORERIE

Exemple

On fournit les documents suivants concernant l'entreprise XA :

Extrait du compte de résultat N (en KF)

Achats Charges de personnel	6 000 3 600	Ventes	12 000

Extrait du bilan (en KF)

Actif	31/12/N	31/12/N–1	Passif	31/12/N	31/12/N–1
Actif circulant Clients	1 000	900	Dettes Fournisseurs Organismes sociaux	800 90	750 100

Opérations avec les clients

Déterminons les flux (de fonds, de trésorerie) de l'exercice N :

- Flux de fonds = ventes de N = 12 000
- Flux de trésorerie (recettes) =

Ventes (N – 1) encaissées en N + Ventes N encaissées en N

(Ventes (N – 1) encaissées en N = Clients au 31/12/N – 1 ; Ventes N encaissées en N = Ventes N – clients au 31/12/N)

Si l'on pose : Δ clients = clients au 31/12/N – clients au 31/12/N – 1, il vient :
Flux de trésorerie (recettes) = Ventes N – Δ clients = 12 000 – (1 000 – 900) = 11 900.
N.B. : Δ Clients représente l'augmentation du crédit accordé aux clients, soit 1 000 – 900 = 100, qui engendre une diminution des recettes.

Opérations avec les fournisseurs

Appliquons aux fournisseurs le raisonnement précédent.

- Flux de fonds = achats de N = 6 000
- Flux de trésorerie (dépenses) =

Achats (N – 1) décaissés en N + Achats N décaissés en N

(Achats (N – 1) décaissés en N = Fournisseurs au 31/12/N – 1 ; Achats N décaissés en N = Achats N – fournisseurs au 31/12/N)

Si l'on pose : Δ fournisseurs = fournisseurs au 31/12/N – fournisseurs au 31/12/N – 1, il vient :
Flux de trésorerie (dépenses) = Achats N – Δ fournisseurs = 6 000 – (800 – 750) = 5 950.
N.B. : Δ fournisseurs représente l'augmentation du crédit obtenu des fournisseurs, soit 800 – 750 = 50, qui engendre une diminution des dépenses.

Opérations avec le personnel et les organismes sociaux

Flux de trésorerie (dépenses) = 3 600 – (90 – 100) = 3 610.

L'analyse des flux de trésorerie

La variation de trésorerie de l'exercice est la différence entre les recettes et les dépenses de l'exercice. L'analyse de la variation de la trésorerie est l'un des objectifs de la finance.

Méthodologie

Pour plus de clarté, on utilisera un exemple simple destiné à introduire et à faire comprendre les mécanismes financiers de base. Les données de l'exemple sont indiquées ci-dessous, les explications et la présentation du tableau de flux de trésorerie figurant sur la page ci-contre.

Données d'un exemple

Bilan de l'entreprise EDS (en KF)

ACTIF	31/12/N	31/12/N-1	PASSIF	31/12/N	31/12/N-1
Immobilisations brutes	1 780	1 295	Capital	500	400
Moins amortissements	(800)	(600)	Réserves	250	230
Immobilisations nettes	980	695	Résultat	50	30
Clients	220	200	Emprunts	380	180
Disponibilités	100	160	Fournisseurs	90	200
			Dettes sociales	30	15
	1 300	1 055		1 300	1 055

Compte de résultat de l'entreprise EDS (en KF)

CHARGES	Exercice N	PRODUITS	Exercice N
Charges d'exploitation		**Produits d'exploitation**	
Achats et charges externes	850	Production vendue (prestations de services)	2 360
Charges de personnel	1100	**Produits exceptionnels**	
Dotations aux amortissements	320	Produits des cessions d'éléments d'actif	100
Charges financières			
Intérêts	60		
Charges exceptionnelles			
Valeurs comptables des éléments d'actif cédés	80		
Solde créditeur = Bénéfice	50		
	2 460		2 460

Pendant l'année N, on a acheté un nouveau matériel pour 685 KF et on a cédé un matériel ancien pour 100 KF (valeur d'origine : 200 KF ; amortissements cumulés à la date de cession = 120 KF). L'entreprise a contracté un nouvel emprunt de 250 KF et remboursé un emprunt antérieur pour 50 KF. En N, le capital a été augmenté de 100 KF par apports en numéraire et, au titre de l'exercice N–1, on a versé des dividendes de 10 KF, le reste du résultat de N–1, soit 20 KF, ayant été mis en réserve.

SOLUTION DE L'EXEMPLE

■ Présentation du tableau de flux de trésorerie (un tableau parmi d'autres possibles)

	On retient : Δ X = X au 31/12/N – X au 31/12/N–1	Recettes : + Dépenses : –	
Exploitation	Sommes reçues des clients = ventes – Δ clients = 2 360 – (220 – 200)	+ 2 340	
	Sommes payées aux fournisseurs = achats – Δ fournisseurs = 850 – (90 – 200)	– 960	
	Sommes payées au personnel = charges de personnel – Δ dettes sociales = 1 100 – (30 – 15)	– 1 085	
	Flux de trésorerie provenant de l'exploitation (A)	+ 295	+ 295
Investissement	Sommes reçues des cessions d'immobilisations = produits des cessions – Δ créances s/immob. = 100 – 0	+ 100	
	Paiements pour achats d'immobilisations = investissements – Δ dettes s/immob. = 685 – 0	– 685	
	Flux de trésorerie utilisé dans l'investissement (B)	– 585	– 585
Financement	Sommes reçues provenant des emprunts nouveaux	+ 250	
	Remboursement des emprunts antérieurs	– 50	
	Paiement des intérêts	– 60	
	Sommes reçues des augmentations de capital = 500 – 400	+ 100	
	Paiement des dividendes (résultat N – 1)	– 10	
	Flux de trésorerie provenant du financement (C)	+ 230	+ 230
	Variation de la trésorerie dans l'exercice N = A + B + C = 295 – 585 + 230 =		– 60
	+ Trésorerie initiale (31/12/N – 1)		+ 160
	= Trésorerie finale (31/12/N)		= 100

■ Commentaires

– Les opérations d'exploitation ont engendré une augmentation de la trésorerie de 295 KF.

– Les opérations d'investissement ont nécessité des dépenses de 585 KF.

Ces dépenses n'ont pas été couvertes par les recettes provenant de l'exploitation ; il manque : 585 – 295 = 290 KF

– Les opérations de financement ont permis, grâce à des ressources externes (augmentation de capital et emprunt), d'obtenir 230 KF ; elles n'ont pas suffi pour couvrir les besoins nés de l'investissement et il a fallu diminuer les disponibilités de 60 KF.

– Conclusion : Alors que le bénéfice de l'année N est de 50 KF, les disponibilités ont diminué de 60 KF pendant la même période. On ne doit pas confondre le bénéfice de l'exercice, qui est un enrichissement de l'entreprise mesuré par la différence entre les produits et les charges, et la variation de la trésorerie qui est représentée par la différence entre les recettes et les dépenses de l'exercice.

* Il est à noter que le flux de fonds né de l'exploitation est égal à : Ventes – achats – charges de personnel = 2 360 – 850 – 1 100 = 410 KF ; il s'agit d'un flux de trésorerie potentiel qui est différent du flux de trésorerie effectif A en raison des retards dans les encaissements et les décaissements dus aux délais de paiement (Δ clients, Δ fournisseurs, Δ dettes sociales).

■ Les tableaux de flux de trésorerie en pratique

Des tableaux ont été prévus par les textes suivants : la norme SFAS 95 aux États-Unis (p. 77), la norme IAS 7 sur le plan international (p. 75), le nouveau dossier d'analyse de la Centrale des bilans de la Banque de France (p. 75), la recommandation de l'Ordre des experts-comptables n° 1-22 (p. 77).

Analyse financière et diagnostic financier

L'étude de la finance d'entreprise distingue traditionnellement deux grandes parties : l'analyse financière et la gestion financière. L'objet de cette page est d'introduire l'analyse financière.

Analyse financière

Analyser, c'est décomposer un tout en ses différents éléments pour l'étudier. L'analyse financière est une étude méthodique des informations comptables et financières en vue de connaître la situation et l'évolution de l'entreprise. Elle présente un ensemble de concepts, de méthodes, permettant de comprendre les mécanismes de fonctionnement de l'entreprise, de formation de sa rentabilité, dans un environnement de risque.

Diagnostic financier

Le diagnostic financier a un sens plus étroit que l'analyse financière. Par analogie avec le diagnostic médical, qui est l'action de déterminer une maladie d'après ses symptômes, le diagnostic financier a pour objet :
- de rechercher des dysfonctionnements dans la situation ou les performances de l'entreprise,
- de trouver les causes de ces difficultés,
- de proposer des remèdes aux déséquilibres, pour les corriger.

Analyse financière et diagnostic financier sont étudiés simultanément

L'analyse financière est en perpétuelle évolution avec l'apparition de nouveaux instruments d'analyse : effet de levier, tableaux de flux, etc.
L'étude est organisée autour de trois points :
□ *Analyse du bilan* : c'est une analyse statique de l'équilibre financier qui cherche à répondre aux questions suivantes : l'entreprise est-elle apte à faire face à ses engagements à plus ou moins long terme ? Comment est organisé son actif ? son passif ? Quelle est l'importance et la structure de ses capitaux propres ? Etc.
□ *Analyse de la rentabilité* : on s'intéresse aux performances de l'entreprise, à ses résultats. La rentabilité est la comparaison des résultats aux capitaux mis en œuvre. La rentabilité économique compare les résultats à l'ensemble des capitaux investis, la rentabilité financière les résultats aux capitaux propres. Il ne faut pas confondre la rentabilité et la profitabilité, qui est le rapport entre le résultat et les ventes hors taxes.
□ *Analyse des flux* : il s'agit d'une étude de l'équilibre financier dans le cadre de la période (= exercice) par l'analyse des flux financiers (flux de fonds et flux de trésorerie). Comment l'entreprise fait-elle face à ses besoins au cours de la période ? Grâce à quelles ressources ? Quelles sont les difficultés et quels remèdes peuvent être envisagés ?

QUELQUES POINTS DE REPÈRE HISTORIQUES

Les méthodes de l'analyse financière ne sont pas toutes apparues simultanément ; elles sont le fruit d'une évolution, que l'on peut résumer en distinguant trois étapes.

1re étape : analyse du risque du créancier

– À la fin du XIXe siècle, le principal créancier de l'entreprise était le banquier. Son rôle était essentiellement le financement de l'exploitation (stocks) et non celui des équipements. Les crédits nécessitaient de solides garanties et le banquier surveillait la solvabilité de l'entreprise. Le critère de solvabilité fut complété par le critère de liquidité en raison des nombreuses faillites dues au manque de disponibilités ; un nouveau concept apparut : le fonds de roulement financier.

– Après la 2e Guerre mondiale, la reconstruction entraîna un essor considérable de l'industrialisation, avec des crédits consentis par des organismes spécialisés. L'intérêt se déplaça du bas du bilan (liquidité) vers le haut du bilan (financement à long terme, autonomie financière), et le concept de capacité d'autofinancement prit une grande importance.

2e étape : analyse du risque de l'entreprise

– Vers les années 1960, on prit conscience qu'il fallait moins s'intéresser à la valeur patrimoniale de l'entreprise qu'à ses besoins nécessitant des ressources pour les financer. Sont apparus les notions d'emplois et de ressources et le concept de besoin en fonds de roulement d'exploitation. Du fait de son renouvellement permanent, ce besoin doit être financé par des ressources stables (fonds de roulement fonctionnel), sinon on devra recourir à des crédits à court terme renouvelés sans cesse.

– Vers 1974, l'apparition de l'inflation et de la récession entraîne des difficultés pour les entreprises, qui ne parviennent plus à rembourser leurs crédits et il apparaît un nouveau concept : l'excédent de trésorerie d'exploitation, qui est le flux de trésorerie créé par l'exploitation.

3e étape : analyse des conditions de la pérennité de l'entreprise

– Les capitaux propres deviennent la source de financement de base ; ils permettent de définir la capacité d'endettement globale de l'entreprise. L'endettement subsiste comme source de financement mais il est générateur de risque financier et son coût est pris en considération.

– Avec le développement des marchés, l'accent est mis sur l'évaluation des titres et des sociétés. Or la valeur repose, pour le financier, en grande partie sur la rentabilité, dont l'étude nécessite la prise en compte du risque d'exploitation, représenté par le point mort.

– Corrélativement, l'étude des flux de trésorerie et de leur répartition selon les cycles de l'entreprise a pris une importance déterminante en raison du rôle de la trésorerie dans la gestion et la stratégie de l'entreprise. Le tableau de financement tend à être remplacé par le tableau de flux de trésorerie. Ce dernier est, en effet, de plus en plus utilisé sur le plan international et des pays comme les États-Unis et le Canada ont marqué leur préférence pour la publication de ce type de tableau. En France, bien que non obligatoire, la présentation d'un tableau de flux de trésorerie se développe.

Le bilan financier

L'analyse liquidité-exigibilité privilégie l'étude du bilan ; elle est destinée aux banquiers et aux créanciers pour les informer sur le risque d'insolvabilité et le risque de faillite de l'entreprise. C'est une méthode traditionnelle, statique, à usage externe.

Structure du bilan financier (ou bilan liquidité-exigibilité)

Le bilan financier donne une image de la valeur du patrimoine de l'entreprise. Sa structure (voir page ci-contre) repose sur les notions d'actif net, de liquidité et d'exigibilité, de fonds de roulement (FR) financier, ou fonds de roulement (FR) liquidité.

Actif net et risque d'insolvabilité

Actif net comptable = actifs (biens + créances) – dettes totales

□ La solvabilité est l'aptitude de l'entreprise à payer ses dettes avec ses actifs. Il y a risque d'insolvabilité si : actifs < dettes totales $\Leftrightarrow$ actif net comptable < 0.
□ On se place dans une optique de liquidation de l'entreprise, mais il faudrait alors remplacer les valeurs comptables par les valeurs de liquidation.
□ L'actif net comptable correspond aux capitaux propres.

Critères de classement des postes du bilan financier

□ *Liquidité*. Les éléments sont rangés à l'actif dans un ordre de liquidité croissante, du haut vers le bas. La liquidité est l'aptitude d'un actif à se transformer immédiatement en monnaie. Les immobilisations ne sont pas liquides, les créances sont plus liquides que les stocks, les disponibilités sont parfaitement liquides.
□ *Exigibilité*. Les éléments sont rangés au passif dans un ordre d'exigibilité croissante du haut vers le bas. Une dette est d'autant plus exigible qu'elle doit être remboursée rapidement. Les capitaux propres ne sont pas exigibles, les dettes à plus d'un an sont moins exigibles que les dettes à moins d'un an.

Fonds de roulement (FR) financier, ou FR liquidité, et risque de faillite

□ Le FR financier peut être calculé de deux façons :
– par le bas du bilan (de préférence) :

FR financier = actifs à moins d'un an – dettes à moins d'un an

– par le haut du bilan :

FR financier = capitaux permanents – actifs à plus d'un an

□ Le FR financier sert à apprécier le risque de faillite et à dire si l'entreprise peut faire face à ses engagements. Le créancier à court terme de l'entreprise mesure son risque en rapprochant les actifs à moins d'un an, dont la liquidité est incertaine, avec les dettes à moins d'un an, dont l'exigibilité est certaine.
□ L'existence d'une différence positive entre actifs à moins d'un an et dettes à moins d'un an, différence appelée FR financier, constitue une garantie contre le risque de faillite. Le FR financier est une marge de sécurité.
À noter que le risque de faillite, d'après la loi du 25/01/85, est le risque de ne pas pouvoir faire face au passif exigible à vue, c'est-à-dire échu, avec l'actif disponible.

ILLUSTRATIONS

Schéma du bilan financier

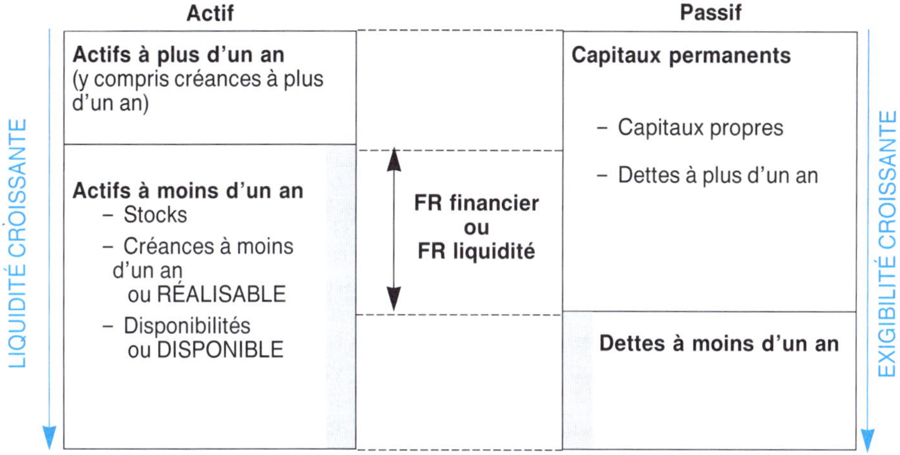

Exemple. Soit quatre sociétés A, B, C, D :

	A	B	C	D
Actifs à plus d'un an (1)	45	45	45	45
Actifs à moins d'un an (2)	55	55	55	55
TOTAL DE L'ACTIF (ET DU PASSIF)	100	100	100	100
Dettes à moins d'un an (3)	30	55	70	90
Capitaux permanents (4)	70	45	30	10

N.B. : Les dettes à plus d'un an sont de 20 pour chaque société.

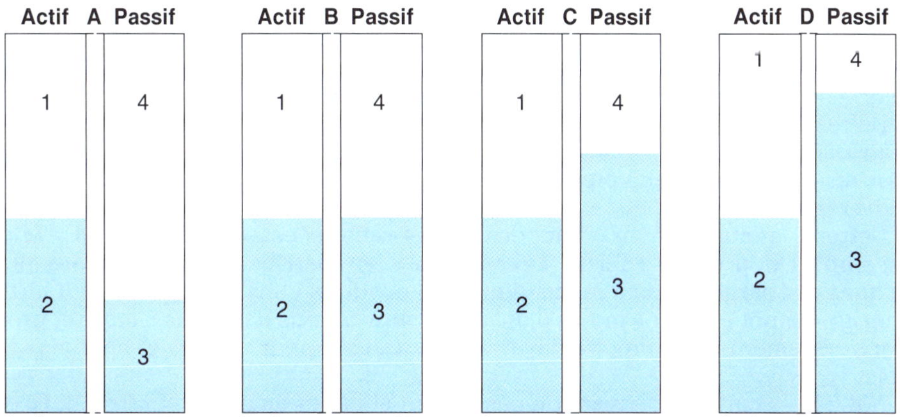

Capitaux propres : 50
FR financier : 25

Capitaux propres : 25
FR financier : 0

Capitaux propres : 10
FR financier : – 15

Capitaux propres : – 10
FR financier : – 35

Commentez chacune des situations.

Corrigé p. 150

Construction du bilan financier

Voici un résumé des retraitements à opérer en partant du bilan du PCG. On retient à l'actif des valeurs nettes. Le bilan financier est présenté après répartition du résultat.

Retraitements à l'actif du bilan

☐ Actifs à plus d'un an = actif immobilisé *net* du PCG + actif circulant *net* à + d'1 an + charges constatées d'avance à + d'1 an – frais d'établissement *nets* – frais de recherche et de développement *nets* – immobilisations financières *nettes* à moins d'1 an.

☐ Actifs à moins d'un an = actif circulant *net* du PCG + immobilisations financières nettes à moins d'un an + charges constatées d'avance à moins d'un an + effets escomptés non échus (EENE) – actif circulant net à plus d'un an.

☐ *N.B.* : – Les frais d'établissement et les frais de recherche et de développement sont des éléments sans aucune valeur (= non-valeurs) dans une optique de liquidation. Ils sont déduits des capitaux propres.

– Le capital souscrit non appelé (n° 109), qui figure à la 1re ligne de l'actif, est déduit des capitaux propres.

– Les charges à répartir sur plusieurs exercices et les primes de remboursement des obligations sont des non-valeurs qui sont déduites des capitaux propres.

– Les écarts de conversion-actif sont annulés avec la provision pour pertes de change, qui figure dans les provisions pour risques et charges au passif.

Retraitements au passif du bilan

☐ Capitaux propres = capitaux propres du PCG + provisions pour risques et charges sans objet nettes d'impôt + autres fonds propres éventuellement – résultat mis en distribution – impôt à payer sur subventions d'investissement et provisions réglementées – capital souscrit non appelé – non-valeurs (frais d'établissement nets, frais de recherche et de développement nets, charges à répartir, primes de remboursement des obligations).

☐ Dettes à plus d'un an = part des dettes reclassées à plus d'un an + provisions pour risques et charges réels à plus d'un an + produits constatés d'avance à plus d'un an + impôt à payer à plus d'un an sur subventions d'investissement et provisions réglementées.

☐ Dettes à moins d'un an = part des dettes reclassées à moins d'un an + effets escomptés non échus (EENE) + résultat mis en distribution + provisions pour risques et charges réels à moins d'un an + produits constatés d'avance à moins d'un an + impôt à payer à moins d'un an sur subventions d'investissement et provisions réglementées + impôt à payer sur provisions pour risques et charges sans objet.

☐ N.B. : Les écarts de conversion-passif sont éliminés au passif et retranchés des créances, ou ajoutés aux dettes, selon le cas.

EXEMPLE

■ Données : bilan de l'entreprise AWT au 31/12/N (montants en KF)

ACTIF	Brut	Amort. ou prov.	Net	PASSIF	
Frais d'établissement	400	200	200	Capital	600
Constructions	1 000	100	900	Réserves	300
Matériel et outillage	600	300	300	Résultat (4)	100
Prêts (1)	250		250	Subventions d'investissement (5)	210
Total actif immobilisé	2 250	600	1 650	Total capitaux propres	1 210
Stocks	800	150	650	Provisions pour risques et charges (6)	600
Créances (2)	500	100	400		
Disponibilités	60		60	Total provisions pour risques et charges	600
Total actif circulant	1 360	250	1 110		
Charges constatées d'avance (3)	90		90	Emprunts et dettes auprès des établissements de crédit (7)	800
Charges à répartir	170		170	Dettes non financières (8)	400
Primes de remboursement des obligations	20		20	Total dettes	1 200
Écarts de conversion-actif	40		40	Produits constatés d'avance (9)	70
Total général	3 930	850	3 080	**Total général**	3 080

1. dont 30 à moins d'un an
2. dont 12 nets à plus d'un an
3. dont 20 à plus d'un an
4. distribution de dividendes prévue : 45
5. dont impôt à moins d'un an : 20 et à + d'un an : 50
6. dont sans objet : 90, impôt correspondant : 45 ; provisions pour pertes de change : 40, le reste = 425 à moins d'un an
7. dont à moins d'un an : 40
8. dont 50 à plus d'un an
9. dont 5 à plus d'un an

■ Calculs des grandes masses du bilan financier

Les calculs sont faits en reprenant les égalités de la page 28, dans l'ordre, et en utilisant les renvois ci-dessus.

- Actifs à plus d'un an = 1 650 + 12 (2) + 20 (3) − 200 (frais d'étab.) − 30 (1) = 1 452
- Actifs à moins d'un an = 1 110 + 30 (1) + 70 (3) + 0 (EENE) − 12 (2) = 1 198
- Capitaux propres = 1 210 + 90 (6) + 0 (autres fonds propres) − 45 (4) − 70 (5) − 0 (capital non appelé) − 200 (frais d'établissement) − 170 (charges à répartir) − 20 (primes de remboursement) = 795
- Dettes à plus d'un an = 760 (7) + 50 (8) + 5 (9) + 50 (5) = 865
- Dettes à moins d'un an = 40 (7) + 350 (8) + 0 (EENE) + 45 (4) + 425 (6) + 65 (9) + 20 (5) + 45 (6) = 990

N.B. : Les écarts de conversion-actif sont annulés avec la provision pour pertes de change de 40 (6).

■ Présentation du bilan financier

Bilan financier AWT au 31/12/N

Actifs à + d'un an	1 452	Capitaux permanents 795 + 865	1 660
Actifs à − d'un an	1 198	Dettes à − d'un an	990
TOTAL	2 650	TOTAL	2 650

FR financier
= 1 198 − 990
= 208

Diagnostic financier dans l'analyse liquidité-exigibilité

L'analyse liquidité-exigibilité a permis de dégager un ensemble de règles simples, garantissant une bonne gestion financière. Ces règles se sont accompagnées d'instruments d'analyse : les ratios.

Les règles de l'analyse financière traditionnelle

☐ *La nécessité du FR financier.* Il faut que les ressources, qui financent les actifs, restent à la disposition de l'entreprise pendant une durée au moins égale à celle de l'actif financé. Autrement dit, il faut une marge de sécurité en raison des risques de décalage entre actifs et dettes à moins d'un an :

actifs à moins d'un an > dettes à moins d'un an $\Longleftrightarrow$ FR financier > 0.

☐ *L'endettement à long et moyen terme maximum.* Une double limite est fixée aux dettes à plus d'un an :

– 1re limite : dettes à plus d'un an ≤ capitaux propres
– 2e limite : dettes à plus d'un an ≤ 3 années d'autofinancement

Les ratios dans l'analyse financière traditionnelle

Un ratio est un rapport significatif entre deux données chiffrées.

☐ *Les ratios de structure ou de situation*

– Ratio de FR liquidité = capitaux permanents/actifs à plus d'un an
– Ratios de liquidité ou de trésorerie :
- liquidité générale = actifs à moins d'un an/dettes à moins d'un an
- liquidité réduite = (réalisable + disponible)/dettes à moins d'un an
- liquidité immédiate = disponible/dettes à moins d'un an.

– Ratio d'endettement = dettes totales (ou à moins d'un an)/passif

☐ *Les ratios de gestion ou de rotation*

On calcule un temps d'écoulement (TE), ou un taux de rotation (TR) pour chaque poste du bilan lié au cycle d'exploitation : stocks, clients, fournisseurs.

– *Stocks de marchandises*

$$\text{TE (en jours)} = \frac{\text{Stock moyen de marchandises}}{\text{achats de marchandises} + \text{Si} - \text{Sf}} \times 360 \text{ et TR} = \frac{360}{\text{TE}}$$

avec : stock moyen de marchandises $= \frac{1}{2}(\text{Si} + \text{Sf})$

– *Stocks de produits finis* : $\text{TE (en jours)} = \frac{\text{Stock moyen de produits finis}}{\text{Coût de production des produits finis vendus}} \times 360 \text{ et TR} = \frac{360}{\text{TE}}$

– *Clients* : $\text{TE (en jours)} = \frac{\text{Clients}}{\text{Ventes TTC}} \times 360 \text{ et TR} = \frac{360}{\text{TE}}$

– *Fournisseurs* : $\text{TE (en jours)} = \frac{\text{Fournisseurs}}{\text{achats TTC}} \times 360 \text{ et TR} = \frac{360}{\text{TE}}$

EXEMPLES

■ Ratios de rotation des stocks (marchandises et matières premières)

– On donne un extrait de compte de résultat et un extrait du bilan de l'entreprise X :

CHARGES Compte de résultat – Année N (KF)

Achats de marchandises	15 000	
Variation des stocks	200	
Achats de matières 1res	24 000	
Variation des stocks	– 110	

ACTIF Bilan au 31/12/N (KF)

Stocks et en-cours		
• matières premières	1 250	
• marchandises	400	

– Calcul des ratios :

Éléments de calcul	Marchandises	Matières premières
Variation des stocks = Stock initial – Stock final = Si – Sf	200	– 110
Sf (au bilan)	400	1 250
Si = Variation des stocks + Sf	600	1 140
Stock moyen = $\frac{1}{2}$ (Si + Sf)	500	1 195
Achats	15 000	24 000
Consommation = Achats + variation des stocks (1)	15 200	23 890
TE = $\frac{\text{Stock moyen}}{\text{Consommation}} \times 360$	12 jours	18 jours
TR = $\frac{360}{\text{TE}}$	30	20

(1) La consommation de marchandises est appelée coût d'achat des marchandises vendues.

■ Exercice

La comptabilité de l'entreprise Z fournit les informations suivantes pour les cinq dernières années d'activité (N – 4 à N) :

	N–4	N–3	N–2	N–1	N
Stocks de produits finis (au 31/12)	3 000	3 700	4 600	6 500	7 800
Clients et effets à recevoir (au 31/12)	12 800	18 000	21 000	22 500	23 500
Fournisseurs et effets à payer (au 31/12)	4 200	7 000	7 100	7 600	6 900
Ventes H.T.	65 000	90 000	98 500	98 000	100 000
Achats H.T.	24 000	38 500	39 500	42 000	41 000
Coût de production des produits finis vendus	13 500	18 000	19 500	18 500	20 000

Calculez les différents ratios de rotation (TE et TR) en utilisant un taux de TVA de 20,6 %.

N.B. : Pour l'évaluation des stocks et du coût de production des produits finis vendus, on pourra se reporter au *Précis de comptabilité* (même collection, n° 13).

Corrigé p. 150

Le bilan fonctionnel

L'analyse fonctionnelle est un renouvellement de l'analyse financière traditionnelle. L'idée centrale est la suivante : l'équilibre financier dépend d'un FR couvrant les besoins de financement engendrés par l'activité de l'entreprise. C'est une méthode moderne, statique, adaptée aux besoins de gestion interne.

Le bilan fonctionnel est un tableau de stocks d'emplois à l'actif et de stocks de ressources au passif

La structure du bilan fonctionnel est représentée sur la page suivante. On trouve à l'actif les emplois stables (ES), l'actif circulant (AC), la trésorerie d'actif (TA), et au passif les ressources stables (RS), le passif circulant (PC), la trésorerie de passif (TP). Il apparaît ainsi trois niveaux d'équilibre.

☐ *Niveau du financement stable : le fonds de roulement fonctionnel (FR fonctionnel)*

FR fonctionnel = ressources stables (RS) – emplois stables (ES)

avec : RS = capitaux propres et endettement financier à long et moyen terme
ES = immobilisations

☐ *Niveau du financement lié au cycle d'exploitation et aux opérations de répartition : le besoin en fonds de roulement (BFR)*

BFR = actif circulant (AC) – passif circulant (PC)

avec : AC = stocks + créances d'exploitation + créances hors exploitation
PC = dettes d'exploitation + dettes hors exploitation.

Le besoin en fonds de roulement (BFR) peut lui-même être subdivisé en deux :
BFR d'exploitation = BFRE = stocks + créances d'exploitation – dettes d'exploitation
BFR hors exploitation = BRFHE = créances hors exploitation – dettes hors exploitation.

☐ *Niveau de la trésorerie : la trésorerie nette (TN)*

TN = trésorerie d'actif (TA) – trésorerie de passif (TP)

avec : TA = valeurs mobilières de placement + disponibilités
TP = concours bancaires courants et soldes créditeurs de banques.

Relation fondamentale de l'équilibre fonctionnel et nouvelle définition de la trésorerie

☐ La lecture du schéma du bilan fonctionnel (p. 33) conduit à la relation fondamentale de l'équilibre fonctionnel :

(1)	Actif circulant	= FR fonctionnel + x
(2)	Passif circulant	= Trésorerie nette (TN) + x
(1) – (2)	BFR	= FR fonctionnel – Trésorerie nette (TN)

☐ On retient généralement cette relation sous la forme suivante :

TN = FR fonctionnel – BFR

☐ Le FR fonctionnel doit couvrir le BFR ; alors la trésorerie est positive et la situation est favorable. Si FR < BFR, la trésorerie est négative et il faut faire appel à des concours bancaires courants, considérés comme précaires. Il y a déséquilibre si la trésorerie est négative durablement, structurellement.

Schéma du bilan fonctionnel

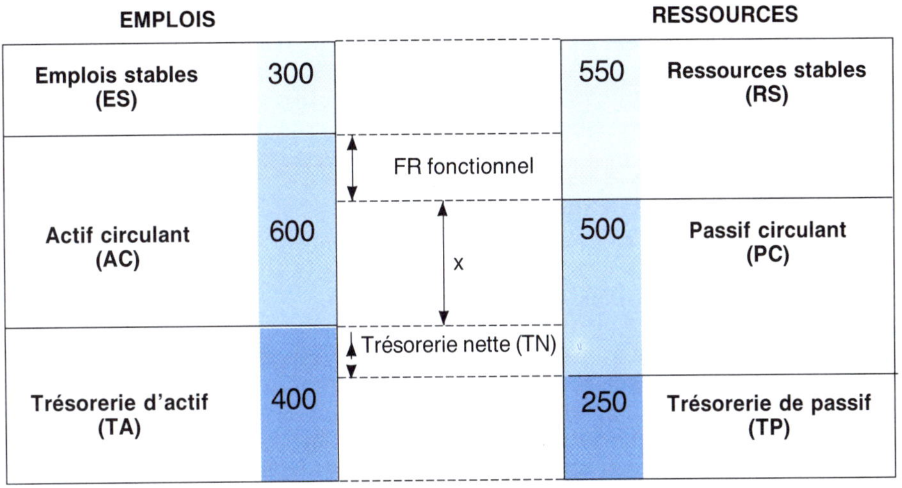

- FR fonctionnel = RS − ES = 550 − 300 = 250 (c'est une ressource nette)
- BFR = AC − PC = 600 − 500 = 100 (c'est un emploi net)
- TN = TA − TP = 400 − 250 = 150 (c'est un emploi net)

Schéma de l'équilibre fonctionnel

L'équilibre fonctionnel s'exprime dans la relation fondamentale nécessairement vérifiable :

TN = FR fonctionnel − BFR

↑ 150 ↑ 250 ↑ 100

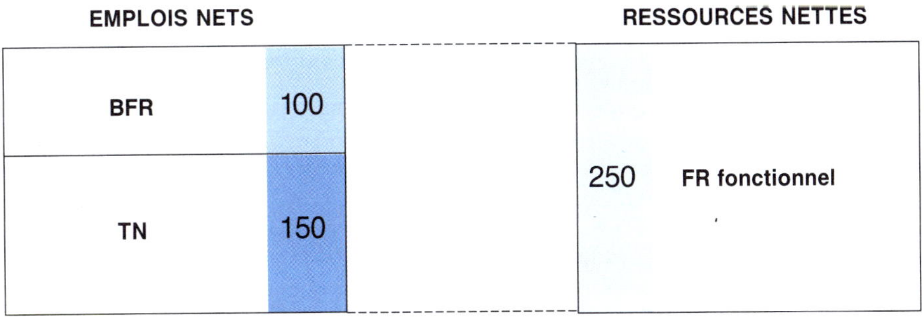

Avec les montants indiqués ci-dessus, on constate que le FR fonctionnel couvre les besoins de financement engendrés par l'activité de l'entreprise (BFR = 100) et qu'il permet une trésorerie nette positive de 150 (60 % du FR fonctionnel), ce qui correspond à une situation très favorable.

Construction du bilan fonctionnel

On retient à l'actif des valeurs brutes, les amortissements et provisions pour dépréciation d'actif étant mis au passif. Le bilan fonctionnel est présenté avant répartition du résultat.

Retraitements à l'actif du bilan

☐ Emplois stables (ES) = toutes les immobilisations brutes (incorporelles, corporelles et financières) + valeur au contrat des biens en crédit-bail + valeur *brute* des charges à répartir sur plusieurs exercices.

☐ Actif circulant d'exploitation (ACE) = valeurs brutes des stocks et en-cours, avances et acomptes versés, créances d'exploitation (clients et comptes rattachés + effets escomptés* non échus (EENE) + Dailly* + affacturage*), autres créances d'exploitation + charges constatées d'avance d'exploitation.

☐ Actif circulant hors exploitation (ACHE) = valeurs brutes des créances diverses, du capital souscrit appelé non versé + charges constatées d'avance hors exploitation.

☐ Trésorerie d'actif (TA) = valeurs brutes des valeurs mobilières de placement (VMP) + disponibilités.

☐ *N.B.* : Pour retrouver la valeur d'origine des dettes et des créances, les écarts de conversion-actif sont ajoutés aux créances, ou retranchés des dettes (créances et dettes soit d'exploitation, soit hors exploitation, soit financières).

Retraitements au passif du bilan

☐ Ressources stables (RS) = capitaux propres et autres fonds propres (avant répartition du résultat) du PCG + amortissements et provisions pour dépréciation d'actif (y compris crédit-bail amorti) + provisions pour risques et charges + comptes courants d'associés stables + dettes financières (y compris crédit-bail non amorti, sauf concours bancaires courants, déduction des primes de remboursement brutes des obligations) – capital souscrit non appelé.

☐ Passif circulant d'exploitation (PCE) = avances et acomptes reçus + dettes fournisseurs et comptes rattachés + dettes fiscales et sociales d'exploitation + autres dettes d'exploitation + produits constatés d'avance d'exploitation.

☐ Passif circulant hors exploitation (PCHE) = dettes sur immobilisations + dettes fiscales (impôts sur les bénéfices) + autres dettes hors exploitation + produits constatés d'avance hors exploitation.

☐ Trésorerie de passif (TP) = concours bancaires courants + effets escomptés* non échus (EENE) + Dailly* + affacturage*.

☐ *N.B.* : Pour retrouver la valeur d'origine des dettes et des créances, les écarts de conversion-passif sont retranchés des créances, ou ajoutés aux dettes (créances et dettes soit d'exploitation, soit hors exploitation, soit financières).

* Compléments sur l'escompte (p. 114), sur la cession de créances Dailly et l'affacturage (p. 116).

EXEMPLE

Données : bilan de l'entreprise AWT au 31/12/N (montants en KF)

ACTIF	Brut	A ou P*	Net	PASSIF	
Frais d'établissement	400	200	200	Capital	600
Constructions	1 000	100	900	Réserves	300
Matériel et outillage	600	300	300	Résultat	100
Prêts	250		250	Subventions d'investissement	210
TOTAL actif immobilisé	2 250	600	1 650	TOTAL capitaux propres	1 210
Stocks	800	150	650	Provisions pour risques	600
Créances (1)	500	100	400	TOTAL provisions pour risques	600
Disponibilités	60		60	Emprunts et dettes auprès	
TOTAL actif circulant	1 360	250	1 110	des établissements de crédit (6)	800
Charges constatées d'avance (2)	90		90	Dettes non financières (7)	400
Charges à répartir (3)	170		170	TOTAL dettes	1 200
Primes de remboursement (4)	20		20	Produits constatés d'avance (8)	70
Écarts de conversion actif (5)	40		40		
TOTAL GÉNÉRAL	3 930	850	3 080	TOTAL GÉNÉRAL	3 080

* Amortissements ou provisions
1. dont créances brutes d'exploitation : 400 et hors exploitation : 100.
2. dont exploitation : 70 et hors exploitation : 20.
3. Brut : 200 et amortissements : 30.
4. Brut : 25 et amortissements : 5.
5. Concernent en totalité des créances d'exploitation.
6. dont concours bancaires courants : 40.
7. dont 30 hors exploitation et 370 exploitation.
8. dont 20 hors exploitation et 50 exploitation.

Calculs des grandes masses du bilan fonctionnel

Les calculs sont effectués en reprenant les égalités de la page 34 et en remplaçant dans l'ordre chaque rubrique par son montant. On utilise les renvois ci-dessus.

- Emplois stables (ES) = 2 250 + 0 (crédit-bail) + 200 (3) = 2 450
- Actif circulant d'exploitation (ACE) = 800 + 400 (1) + 0 (EENE) + 70 (2) + 40 (5) = 1 310
- Actif circulant hors exploitation (ACHE) = 100 (1) + 20 (2) = 120
- Trésorerie d'actif (TA) = 0 (VMP) + 60 = 60
- Ressources stables (RS) = 1 210 + 850 (A et P) + 30 (3) + 5 (4) + 600 + [800 – 40 (6) – 25 (4)] = 3 430
- Passif circulant d'exploitation (PCE) = 370 (7) + 50 (8) = 420
- Passif circulant hors exploitation (PCHE) = 30 (7) + 20 (8) = 50
- Trésorerie passif (TP) = 40 (6) + 0 (EENE) = 40

Présentation du bilan fonctionnel

Emplois stables	2 450	Ressources stables	3 430
ACE	1 310	PCE	420
ACHE	120	PCHE	50
Trésorerie d'actif	60	Trésorerie de passif	40
TOTAL	3 940	TOTAL	3 940

FR fonctionnel = 3 430 – 2 450 = 980

BFR = 1 430 – 470 = 960

TN = 60 – 40 = 20

Diagnostic financier dans l'analyse fonctionnelle

L'analyse fonctionnelle repose sur une règle de l'équilibre. En procédant à une analyse comparative des bilans fonctionnels, il est possible de détecter les difficultés et d'y remédier.

La règle de l'équilibre dans l'analyse fonctionnelle

□ *Formulation.* L'idée centrale est que les ressources stables doivent couvrir les emplois stables, qui comprennent :
– les emplois stables proprement dits (c'est-à-dire les immobilisations brutes),
– le BFRE pour sa composante stable (stocks, créances et dettes d'exploitation se renouvellent sans cesse, en croissance ou en décroissance selon l'activité).
Autrement dit, l'équilibre financier suppose : FR fonctionnel > BFRE (composante stable).

□ *Trésorerie théorique.* Comme le BFRHE est souvent une ressource (c'est-à-dire qu'il est négatif) et puisque : TN = FR fonctionnel – (BFRE + BFRHE), on peut, dans le diagnostic financier, estimer la trésorerie de manière approximative en négligeant le BFRHE, qui ne représente pas un besoin, ce qui donne :

trésorerie théorique = FR fonctionnel – BFRE.

Il y a déséquilibre si la trésorerie est structurellement négative, c'est-à-dire si des concours bancaires courants, précaires, financent des emplois stables. Dans ce cas, selon l'analyse fonctionnelle, l'entreprise n'est pas viable.

□ *Limites de l'analyse fonctionnelle.* L'observation des faits contredit cette conclusion et en pratique les concours bancaires courants peuvent, dans certains cas, être renouvelés de manière automatique (crédit *revolving*). Or le financement stable peut être plus onéreux que le financement par concours bancaires courants, mais l'analyse fonctionnelle ignore les arbitrages rentabilité-risque. Par ailleurs, la conception de la trésorerie dans l'analyse fonctionnelle est réductrice : la trésorerie est ce qui reste après que le fonds de roulement ait couvert le besoin en fonds de roulement. Mais en fait, pour saisir les opportunités, la stratégie financière nécessite d'importantes liquidités.

□ *Schémas d'équilibre financier fonctionnel.* La Centrale des bilans de la Banque de France en recense dix-huit, en distinguant BFRE et BFRHE ; six sont représentés sur la page suivante.

La détection des difficultés par l'analyse comparative de l'équilibre fonctionnel

□ Le bilan fonctionnel est une photographie, à une date donnée, du déroulement des différents cycles : exploitation, investissement, financement. On peut avoir une idée de la politique d'investissement et de financement de l'entreprise en considérant plusieurs bilans fonctionnels successifs et en procédant à une analyse comparative de l'équilibre fonctionnel dans le temps.

□ Il est commode de représenter graphiquement cette évolution ; à titre d'exemple, on a représenté sur la page suivante un graphique correspondant à un scénario de réduction d'activité, engendrant une dégradation de l'équilibre financier.

ILLUSTRATIONS

■ Six schémas de l'équilibre fonctionnel (voir p. 33)

– 1er cas : TN > 0

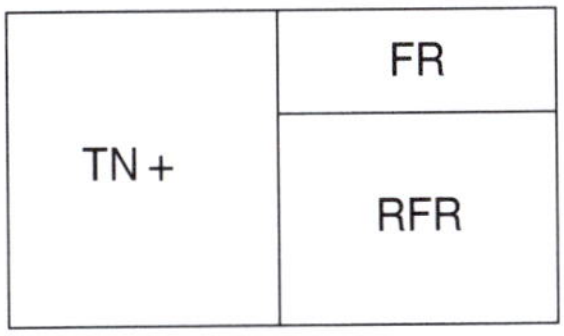

FR > 0 et BFR < 0 (= RFR) : pas de besoin à financer et TN abondante.

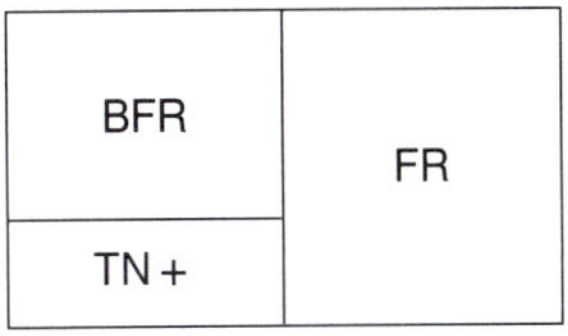

FR > 0 et BFR > 0 : bonne situation.

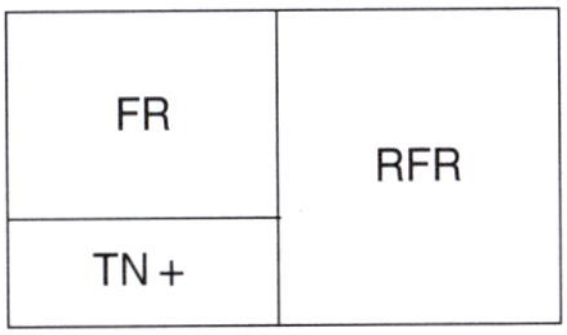

FR < 0 et BFR < 0 (= RFR) : situation aberrante, emplois stables financés par des ressources non stables.

– 2e cas : TN < 0

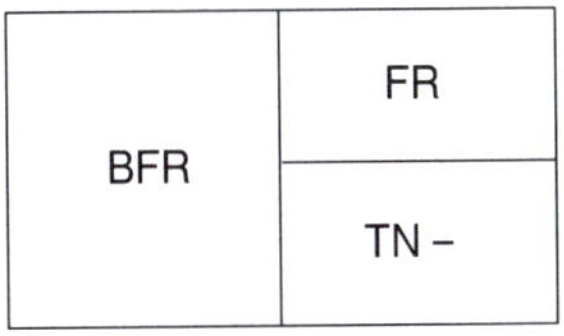

FR > 0 et BFR > 0 : situation vulnérable si TN durablement négative.

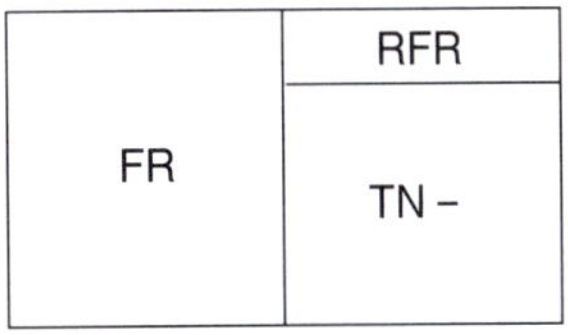

FR < 0 et BFR < 0 (= RFR) : situation mauvaise, aberrante bien qu'il n'y ait pas de BFR à financer.

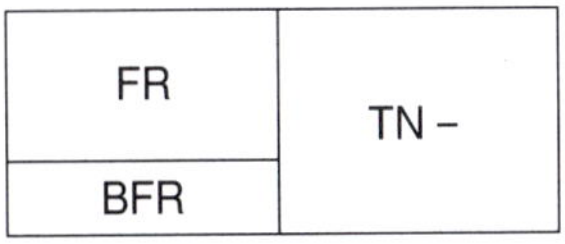

FR < 0 et BFR > 0 : situation très dangereuse.

■ Graphique de l'évolution de l'équilibre fonctionnel en cas de baisse d'activité

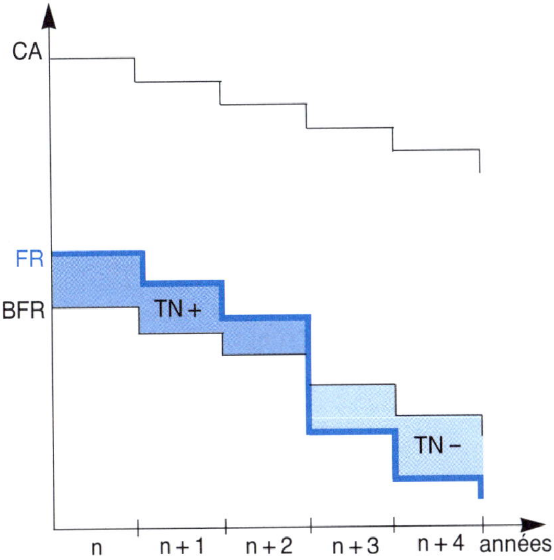

Le chiffre d'affaires (CA) décroît, ce qui entraîne une diminution des créances d'exploitation et des stocks.

TN = FR – BFR

Le BFR diminue et la trésorerie s'améliore dans l'immédiat.
Puis la baisse d'activité engendre une réduction des résultats et une baisse du FR. La crise de trésorerie suit l'accumulation des pertes.

Remède :
– arrêter la baisse du chiffre d'affaires,
– entreprendre une opération d'assainissement financier (coup d'accordéon).

Diagnostic financier et évolution du BFRE

À une date donnée, le BFRE représente les fonds « gelés » dans les stocks, les créances d'exploitation, déduction faite des dettes d'exploitation non réglées.

Il existe un BFRE permanent distinct du BFRE calculé au bilan

Les éléments du cycle d'exploitation : stocks, clients, fournisseurs, disparaissent et sont immédiatement remplacés : ils se renouvellent constamment, si bien qu'à activité constante, ils conservent un niveau constant. Si l'activité fluctue (activité saisonnière), le BFRE varie au cours de l'année, se gonflant puis se dégonflant, sans jamais tomber au-dessous d'un certain niveau minimum. Ce minimum représente le BFRE permanent (voir graphique p. 39).

Les ratios de rotation

Ces ratios de rotation sont généralement des délais de rotation, c'est-à-dire des temps d'écoulement TE exprimés en jours (360 jours dans l'année). Pour être cohérents, le numérateur et le dénominateur de chaque ratio doivent être exprimés dans la même unité.

☐ *Ratios de stocks*

– Stocks de marchandises (CAMV = coût d'achat des marchandises vendues) :

$$\text{TE (en jours de CAMV)} = \frac{\text{stock moyen de marchandises}}{\text{CAMV}} \times 360$$

avec CAMV = achats de marchandises + (Si – Sf) de marchandises.

– Stocks de matières premières :

$$\text{TE (en jours de consommation)} = \frac{\text{stock moyen de matières premières}}{\text{consommation de matières premières}} \times 360$$

avec consommation de matières premières = achats de matières premières + (Si – Sf) de matières premières.

– Stocks de produits finis (CPPF = coût de production des produits finis) :

$$\text{TE (en jours de coût de production)} = \frac{\text{stock moyen de produits finis}}{\text{CPPF vendus}} \times 360$$

avec CPPF vendus = CPPF fabriqués + (Si – Sf) de produits finis.

☐ *Ratio clients* (CATTC = chiffre d'affaires toutes taxes comprises)

$$\text{TE (en jours de CATTC)} = \frac{\text{créances sur ventes}}{\text{CATTC}} \times 360$$

☐ *Ratio fournisseurs*

$$\text{TE (en jours d'achats TTC)} = \frac{\text{fournisseurs d'exploitation}}{\text{achats TTC}} \times 360$$

GRAPHIQUE ET CALCULS

Évolution comparée du FR et du BFRE : choix d'une politique

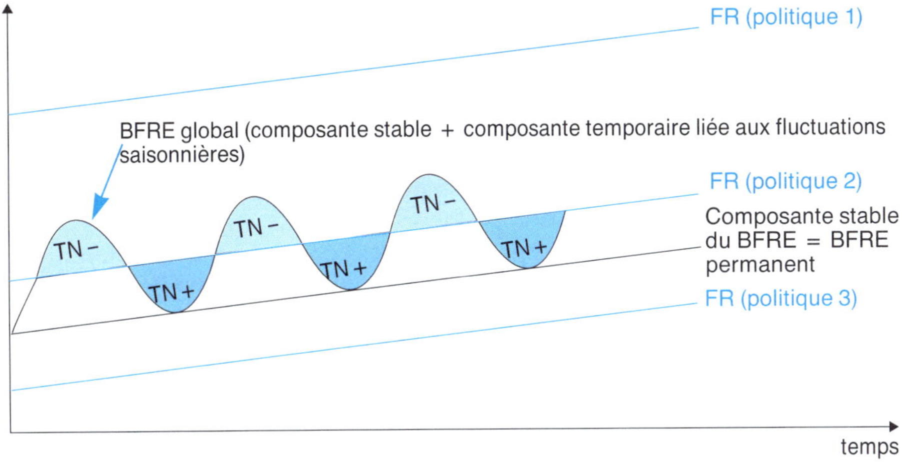

On retient le principe de bon sens suivant : à emplois permanents stables (immobilisations + BFRE permanent), ressources stables ; à besoins temporaires, financement par des crédits de trésorerie.

On admet que le BFRHE est généralement une ressource.

– *Politique 1* : FR fonctionnel > BFRE global ; conséquence : trésorerie toujours positive (politique de grande prudence).

– *Politique 2* : FR fonctionnel = BFRE moyen > BFRE permanent ; conséquence : succession d'excédents et de déficits de trésorerie liés à la composante temporaire (politique d'équilibre harmonieux).

– *Politique 3* : FR fonctionnel < BFRE permanent ; conséquence : trésorerie structurellement négative en permanence, financement d'emplois stables par des crédits de trésorerie, ce qui implique leur renouvellement automatique (grand risque de faillite en cas de non-renouvellement).

Calculs des ratios de rotation (TE) pour les stocks

se reporter à la page 31.

Calculs de TE (pour les composantes du BFRE : clients, fournisseurs, personnel, organismes sociaux, TVA)

Exemple : paiement à 30 jours fin de mois.

Les opérations du 1er jour du mois 1 sont payées le 30 du mois 2 : TE = 60 jours. Les opérations du 30e jour du mois 1 sont payées le 30 du mois 2 : TE = 30 jours. Moyenne : (60 + 30)/2 = 45 j. Il revient au même de partir du 15 du mois 1 pour aller jusqu'au 30 du mois 2 : TE = 45 jours.

Applications : a/ paiement à 40 jours. b/ paiement en fin de mois. c/ paiement le 5 du mois suivant. d/ paiement 40 % à 40 jours et 60 % à 60 jours. e/ paiement à 60 jours fin de mois, le 25 du mois suivant. f/ paiement des salaires le 27 du mois même.

Corrigé : p. 151

Le BFRE normatif

Si le ratio BFRE/chiffre d'affaires hors taxes est égal à 25 %, cela signifie que le quart du chiffre d'affaires (= 3 mois de ventes) est gelé sous forme de stocks, créances non financées par les fournisseurs. C'est une immobilisation de fonds imposée à l'entreprise et qu'il faut prévoir.

Principe de la méthode normative de prévision du BFRE
(dite méthode des experts-comptables)

☐ Le BFRE normatif est déterminé en fonction des conditions de l'exploitation. Il est exprimé habituellement en jours de chiffre d'affaires hors taxes (CAHT) :

$$\frac{\text{BFRE normatif}}{\text{CAHT}} \times 360$$

☐ Pour simplifier, limitons le BFRE à trois composantes : stocks (STO), clients (CLI), fournisseurs (FOURN) :

$$\text{BFRE normatif} = \text{STO}^* + \text{CLI} - \text{FOURN} \qquad \text{* (stocks de marchandises)}$$

$$\frac{\text{BFRE normatif}}{\text{CAHT}} \times 360 = \frac{\text{STO}}{\text{CAHT}} \times 360 + \frac{\text{CLI}}{\text{CAHT}} \times 360 - \frac{\text{FOURN}}{\text{CAHT}} \times 360$$

$$\left(\frac{\text{STO}}{\text{CAMV}} \times 360\right) \times \frac{\text{CAMV}}{\text{CAHT}} \qquad \left(\frac{\text{CLI}}{\text{CATTC}} \times 360\right) \times \frac{\text{CATTC}}{\text{CAHT}} \qquad \left(\frac{\text{FOURN}}{\text{achats TTC}} \times 360\right) \times \frac{\text{achats TTC}}{\text{CAHT}}$$

☐ On a introduit les ratios de rotation (temps d'écoulement TE) et les ratios de structure (RS) comme suit :

Composantes du BFRE	TE (voir p. 38)	RS	TE x RS
Stock (* CAMV: p. 38)	$\frac{\text{STO}}{\text{CAMV*}}$ x 360 jours de CAMV	$\frac{\text{CAMV*}}{\text{CAHT}}$	A = $\frac{\text{STO}}{\text{CAHT}}$ x 360 jours de CAHT
Clients	$\frac{\text{CLI}}{\text{CATTC}}$ x 360 jours CATTC	$\frac{\text{CATTC}}{\text{CAHT}}$	B = $\frac{\text{CLI}}{\text{CAHT}}$ x 360 jours de CAHT
Fournisseurs	$\frac{\text{FOURN}}{\text{achats TTC}}$ x 360 jours d'achats TTC	$\frac{\text{achats TTC}}{\text{CAHT}}$	C = $\frac{\text{FOURN}}{\text{CAHT}}$ x 360 jours de CAHT
$\frac{\text{BFRE normatif}}{\text{CAHT}}$ x 360	= A + B – C (en jours de CAHT)		

Présentation pratique des résultats et TVA

Un exemple avec TVA est présenté ci-contre (p. 41). La TVA à décaisser au titre du mois n est égale à la TVA collectée sur les ventes du mois n, moins la TVA déductible sur les achats imposables du même mois n. Elle est payée le 25 du mois n + 1. Tout se passe comme si achats et ventes, supposés également répartis dans le mois, avaient lieu le 15 du mois n. Le paiement de la TVA intervient le 25 du mois suivant, ce qui donne : TE = 15 + 25 = 40 jours de crédit accordés par l'État.

EXEMPLE (SOCIÉTÉ COMMERCIALE)

■ Données

On fournit les informations suivantes concernant l'entreprise AGS :
- le coût d'achat des marchandises vendues (CAMV) représente 45 % du chiffre d'affaires hors taxes (CAHT) ;
- le stock de marchandises tourne 4 fois dans l'année ;
- les clients paient à 60 jours, fin de mois, le 3 du mois suivant ;
- les fournisseurs sont réglés à 60 jours ;
- les charges de personnel représentent 30 % du CAHT ; elles comprennent les salaires bruts et les cotisations sociales patronales, qui s'élèvent à 50 % des salaires bruts. Les cotisations sociales salariales, incluses dans les salaires bruts, s'élèvent à 18 % des salaires bruts. Les salaires nets (= salaires bruts – cotisations salariales) sont versés à la fin de chaque mois et les cotisations sociales patronales et salariales le 15 du mois suivant ;
- les autres charges d'exploitation sont payées au comptant et ne sont pas assujetties à la TVA ;
- la TVA est calculée sur les achats et les ventes de marchandises au taux normal de 20,6 %. La TVA à décaisser est payée le 25 du mois suivant.

On demande de calculer le BFRE normatif en jours de CAHT, en pourcentage du CAHT (*N.B.* : pour les explications concernant les charges de personnel, se reporter à la page 42).

■ Évaluation du BFRE normatif

COMPOSANTES	TE en jours propres à chaque composante	RS	TE en jours de CAHT
Emplois (+)			
Stock de marchandises	(1) 90	CAMV/CAHT = 45 %	40,50
Clients	(2) 78	(3) CATTC/CAHT = 120,6 %	94,07
Ressources (-)			
Fournisseurs	60	(4) achats TTC/CAHT = 45 % x 120,6 % = 54,27 %	(32,56)
Personnel (salaires nets)	(5) 15	(6) salaires nets/CAHT = 30 % x $\frac{82}{150}$ = 16,4 %	(2,46)
Organismes sociaux	(7) 30	(6) cotisations sociales/CAHT = 30 % x $\frac{68}{150}$ = 13,6 %	(4,08)
TVA à décaisser	(8) 40	(9) TVA à décaisser/CAHT = 20,6 % x 55 % = 11,33 %	(4,53)
BFRE NORMATIF (en jours de CAHT : 90,94 jours, soit environ 25 % du CAHT annuel)			90,94

1. 360/4
2. créances positionnées le 15 du mois = 15 + 60 + 3 = 78
3. CATTC = 120,6 % x CAHT
4. achats TTC = 45 % x CAHT x 120,6 %
5. salaires nets positionnés le 15 du mois et payés le 30
6. voir p. 42
7. cotisations positionnées le 15 du mois et payées le 15 du mois suivant = 15 + 15 = 30
8. voir p. 40
9. TVA à décaisser
   = TVA collectée – TVA déductible
   = 20,6 % x CAHT – 20,6 % x 45 % x CAHT
   = 20,6 % x 55 % x CAHT.

Le BFRE normatif : compléments

Certaines difficultés peuvent être rencontrées dans le calcul du BFRE normatif. Nous retenons les stocks (entreprise de production), les charges de personnel.

Les stocks dans une entreprise de production

□ On y trouve trois catégories de stocks : matières premières, en-cours, produits finis.
– Les ratios de rotation (TE) sont donnés ou calculés, par exemple : matières premières : 30 jours, en-cours : 15 jours (durée du cycle de production), produits finis : 20 jours.
– Les ratios de structure (RS) sont calculés grâce à la structure des coûts (en % du CAHT), par exemple : matières premières consommées : 40 % ; frais de production : 30 % ; frais de vente et administratifs : 20 %. Les calculs sont les suivants :
□ Matières premières : TE = 30 jours de consommation ; RS = 40 % ; d'où : TE x RS = 12 jours de CAHT.
□ En-cours : TE = 15 jours ; RS = $40\ \% + \frac{1}{2} \times 30\ \% = 55\ \%$; d'où : TE x RS = 8,25 jours de CAHT.
□ *N.B.* : On admet, dans le calcul de RS pour les en-cours, que ces derniers renferment les matières premières en totalité et la moitié des frais de production.
□ Produits finis : TE = 20 jours ; RS = 40 % + 30 % = 70 % ; d'où : TE x RS = 14 jours de CAHT.
□ *N.B.* : Les produits finis renferment la totalité des matières premières et des frais de production ; d'où le calcul de RS. On ne met pas les frais de vente et administratifs dans le coût des stocks de produits finis.

Les charges de personnel

On reprend l'exemple de la page 41 : salaires bruts : 100 ; cotisations salariales : 18 % des salaires bruts = 18 ; cotisations patronales : 50 % des salaires bruts = 50.

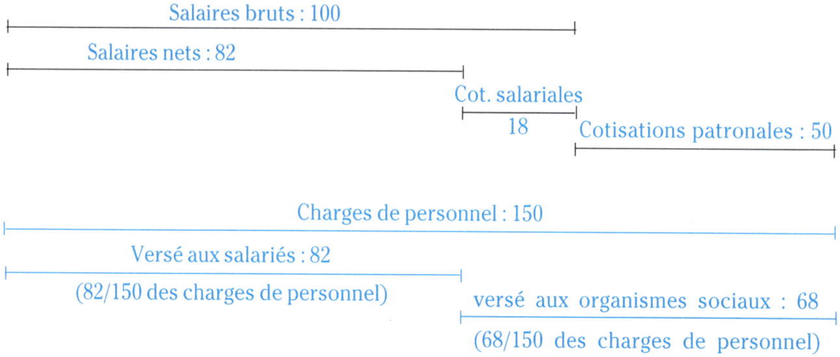

EXERCICES

■ Exercice 1

L'entreprise SVX présente les caractéristiques suivantes :

– Pour un chiffre d'affaires hors taxes de 100, la consommation de matières premières est de 40, les charges de production de 30, les autres charges non affectées à la production (frais généraux) de 20.

– Cycle de fabrication : le stock de matières premières tourne 12 fois dans l'année ; la durée du cycle de production est de 45 jours (= temps d'écoulement des en-cours) ; les produits finis sont stockés 15 jours avant d'être vendus.
Il est à noter que les en-cours renferment la totalité des matières premières et 50 % des charges de production.

– Décalages de paiement : les clients paient à 60 jours fin de mois ; les fournisseurs de matières sont réglés à 90 jours (les autres fournisseurs sont payés au comptant). On ne prend pas en considération les décalages concernant les charges de personnel.

– La TVA sur les achats de matières et sur les ventes est au taux de 20,6 %.

Travail à réaliser :

Calculez le BFRE normatif en jours de chiffre d'affaires hors taxes (CAHT) et en pourcentage du CAHT annuel. De combien augmenterait-il en pourcentage s'il était prévu une augmentation de 60 % du CAHT ?

Corrigé p. 151

■ Exercice 2

La société OM présente les caractéristiques suivantes :

– Par rapport au CAHT : matières premières consommées : 40 % ; charges de personnel de production : 28 % ; charges de personnel de distribution : 6 % ; autres charges de production : 12 % ; dotations aux amortissements : 8 % (dont 5 % pour la production).

– Stocks : le stock de matières premières tourne normalement 20 fois dans l'année, le stock de produits finis 15 fois dans l'année.

– Décalages de paiement :

- crédit accordé aux clients : 60 jours fin de mois, le 10 du mois suivant ;
- crédit obtenu des fournisseurs : 60 jours fin de mois (matières premières exclusivement) ;
- les charges sociales salariales et patronales représentent respectivement 15 % et 40 % des salaires bruts ; les salaires sont versés en fin de mois et les cotisations salariales et patronales le 15 du mois suivant.

– TVA au taux de 20,6 % sur les ventes, les achats de matières premières et les autres charges de production ; règlement de la TVA : le 25 du mois suivant.
Le taux de l'impôt sur les sociétés est de 33 1/3 %.

Travail à réaliser :

1. Calculez le BFRE normatif en jours de CAHT et en pourcentage du CAHT.
2. Le FR fonctionnel s'élève au début de l'année N à 200 KF et on a vendu en N 12 000 articles à 2 KF HT chacun. Calculez le FR fonctionnel à la fin de N (pas d'opérations concernant les immobilisations et les ressources stables au cours de N). Commentez.
3. En N + 1, les ventes sont estimées à 19 200 articles à 2 KF chacun. Calculez le BFRE normatif correspondant.
4. Pour réduire le BFRE, on diminuerait le crédit clients à 30 jours fin de mois. Quel serait le nouveau BFRE normatif ?

Corrigé p. 152

Les soldes intermédiaires de gestion

Le PCG propose, dans le système développé, un tableau des soldes intermédiaires de gestion (TSIG), qui distingue différents niveaux dans le compte de résultat.

Opérations d'exploitation

□ *Solde n° 1 : marge commerciale (MC)*
MC = ventes de marchandises – coût d'achat des marchandises vendues (CAMV)
CAMV = achats et frais d'achats de marchandises + (stock initial – stock final) de marchandises.

□ *Solde n° 2 : production de l'exercice (PE)*
PE = production vendue + production stockée + production immobilisée
Production vendue = ventes de produits, de travaux, d'études, de services.
Production stockée = (stock final – stock initial) de produits finis et d'en-cours.
Production immobilisée = immobilisations faites par l'entreprise pour elle-même.

□ *Solde n° 3 : valeur ajoutée (VA)*
VA = MC + PE – consommation de l'exercice en provenance des tiers.
Consommation en provenance des tiers = achats d'approvisionnements + (stock initial – stock final) d'approvisionnements + services extérieurs.

□ *Solde n° 4 : excédent brut d'exploitation (EBE)*
EBE = VA + subventions d'exploitation – impôts et taxes – charges de personnel.
Il est à noter que les produits calculés (reprises sur amortissements et provisions = RAP) et les charges calculées (dotations aux amortissements et provisions = DAP) sont exclus de l'EBE.

□ *Solde n° 5 : résultat d'exploitation (RE)*
RE = EBE + RAP et transferts de charges d'exploitation + autres produits d'exploitation – DAP d'exploitation – autres charges d'exploitation.

Opérations courantes et exceptionnelles

□ *Solde n° 6 : résultat courant avant impôts (RCAI)*
RCAI = RE + quote-parts de résultat sur opérations faites en commun (bénéfice) + produits financiers – quote-parts de résultat sur opérations faites en commun (perte) – charges financières.

□ *Solde n° 7 : résultat exceptionnel*
Résultat exceptionnel = produits exceptionnels – charges exceptionnelles.

□ *Solde n° 8 : plus ou moins-values sur cessions d'éléments d'actif (PMVCEA)*
PMVCEA = produits des cessions d'éléments d'actif – valeur comptable des éléments d'actif cédés.

Synthèse

□ *Solde n° 9 : résultat de l'exercice*
Résultat de l'exercice = RCAI + résultat exceptionnel – participation des salariés – impôts sur les bénéfices.

□ Il est à noter que le solde n° 8 est, en fait, une partie du solde n° 7 : résultat exceptionnel.

EXERCICE

Données (montants en MF)

CHARGES	N	N - 1	PRODUITS	N	N - 1
Matières 1res consommées	1 000	955	Production vendue	3 286	3 036
Services extérieurs consommés	770	670	Production stockée	- 115	35
Impôts et taxes	75	70	Production immobilisée	35	40
Salaires et charges sociales	900	898	Autres produits d'exploitation	20	25
Autres charges d'exploitation	50	52	Produits financiers	10	8
Dotations aux amort. et aux provisions	145	135	Produits exceptionnels	105	85
Charges financières	101	112			
Charges exceptionnelles	150	195			
Impôts sur les bénéfices	45	43			
Solde créditeur = bénéfice	105	99			
	3 341	3 229		3 341	3 229

Calcul des soldes intermédiaires de gestion (SIG) pour l'année N

N°	DÉSIGNATION	N	
1	Production vendue	3 286	
2	Production stockée	- 115	
3	Production immobilisée	35	
4	**Production de l'exercice (1 + 2 + 3)**	3 206	100
5	Matières premières consommées	1 000	31,19
6	Services extérieurs consommés	770	24,02
7	Consommations en provenance des tiers (5 + 6)	1 770	55,21
8	**Valeur ajoutée (4 - 7)**	1 436	44,79
9	Impôts et taxes	75	2,34
10	Charges de personnel	900	28,07
11	**Excédent brut d'exploitation (8 - 9 - 10)**	461	14,38
12	Autres produits d'exploitation	20	0,62
13	Dotations aux amortissements et aux provisions	145	4,52
14	Autres charges d'exploitation	50	1,56
15	**Résultat d'exploitation (11 + 12 - 13 - 14)**	286	8,92
16	Produits financiers	10	0,31
17	Charges financières	101	3,15
18	**Résultat courant avant impôt (15 + 16 - 17)**	195	6,08
19	Produits exceptionnels	105	3,27
20	Charges exceptionnelles	150	4,68
21	**Résultat exceptionnel (19 - 20)**	- 45	- 1,40
22	Participation des salariés	0	0
23	Impôts sur les bénéfices	45	1,40
24	**Résultat de l'exercice (18 + 21 - 22 - 23)**	105	3,27

Travail demandé :

1. Faites les calculs des SIG pour l'année N - 1 (montants et pourcentages).
2. Commentez l'évolution des résultats obtenus entre N - 1 et N.

Corrigé p. 153

Les soldes intermédiaires de gestion après retraitements

Des corrections peuvent être apportées aux SIG, notamment concernant les annuités de crédit-bail, le personnel intérimaire, les frais de sous-traitance, les charges financières.

Opérations d'exploitation

☐ *Solde n° 1 : marge commerciale (MC)* : sans changement (voir p. 44).
☐ *Solde n° 2 : production de l'exercice (PE)* : sans changement (voir p. 44).
☐ *Solde n° 3 : valeur ajoutée (VA)*

VA = MC + PE – consommation de l'exercice en provenance des tiers

Consommation de l'exercice en provenance des tiers = achats d'approvisionnements + (stock initial – stock final) d'approvisionnements + services extérieurs – redevances de crédit-bail – personnel intérimaire – frais de sous-traitance.

☐ *Solde n° 4 : excédent brut d'exploitation (EBE)*

EBE = VA + subventions d'exploitation – impôts et taxes – charges de personnel – personnel intérimaire – frais de sous-traitance (charges de personnel)

☐ *N.B.* : La participation des salariés peut être reclassée dans les charges de personnel.

☐ *Solde n° 5 : résultat d'exploitation (RE)*

RE = EBE + RAP et transferts de charges d'exploitation + autres produits d'exploitation – DAP d'exploitation – autres charges d'exploitation – part des redevances de crédit-bail correspondant à l'amortissement

Opérations courantes et exceptionnelles

☐ *Solde n° 6 : résultat économique avant impôts, ou bénéfice avant intérêts et impôts (BAII)*

BAII = RE + quote-parts de résultat sur opérations faites en commun (bénéfice) + produits financiers – quote-parts de résultat sur opérations faites en commun (perte) – charges financières autres que les intérêts.

☐ *Solde n° 7 : résultat courant avant impôts (RCAI)*

RCAI = BAII – charges d'intérêt – part des redevances de crédit-bail correspondant à des charges d'intérêt.

☐ *Solde n° 8 : résultat exceptionnel* : sans changement (voir p. 44).

Synthèse

☐ *Solde n° 9 : résultat de l'exercice*

Résultat de l'exercice = RCAI + résultat exceptionnel – participation des salariés – impôts sur les bénéfices

☐ *N.B.* : Comme indiqué plus haut (solde n° 4), la participation des salariés peut être reclassée dans les charges de personnel. Les services extérieurs comprennent notamment les redevances de crédit-bail, le personnel intérimaire et les frais de sous-traitance.

ANALYSE DU RÉSULTAT D'EXPLOITATION SELON LA CENTRALE DE BILANS (CDB) DE LA BANQUE DE FRANCE

Ventes de marchandises

Marge commerciale	Achats de marchandises – variation de stock de marchandises

Marge commerciale	Production vendue	Production stockée	Production immobilisée	Subventions d'exploitation

Consommations intermédiaires (sauf loyers de crédit-bail et personnel extérieur)	Impôts et taxes	Valeur ajoutée CDB au coût des facteurs

Charges de personnel (1)	EBE CDB (2)

1. Y compris personnel extérieur et participation des salariés.
2. Excédent brut d'exploitation Centrale de bilans

EBE CDB (2)	Transferts de charges d'exploitation

Charges de maintien du potentiel de production (3)	ENE CDB (4)

3. Dotations d'exploitation aux amortissements (nettes de reprises)
   + amortissements dans les loyers de crédit-bail
   + variation des provisions d'exploitation (dépréciation, risques et charges).
4. Excédent net d'exploitation Centrale de bilans

La rentabilité économique

La rentabilité est le rapport entre le revenu (= résultat) et les capitaux mis en œuvre pour l'obtenir. Deux notions de rentabilité sont importantes en finance : la rentabilité économique et la rentabilité financière. Elles seront considérées successivement avant l'étude de l'effet de levier.

Expression de la rentabilité économique

$$\text{Rentabilité économique} = \frac{\text{résultat économique}}{\text{actif économique}}$$

Selon que le résultat économique est calculé avant ou après impôts, elle est dite rentabilité économique avant ou après impôts. C'est la rentabilité de l'outil de production, sans tenir compte du financement, de l'impact de la structure financière.

Actif économique

Le schéma (p. 49) montre que l'actif économique est calculé à partir du bilan financier, après répartition du résultat (voir p. 26). On retient les égalités suivantes :
☐ Actif net d'exploitation (ANEX) = actif circulant – dettes non financières et provisions pour risques et charges.
☐ Actif économique = immobilisations nettes + ANEX.
☐ Actif économique = capitaux investis = capitaux propres + dettes financières.

Résultat économique

☐ Résultat économique avant impôt. C'est le bénéfice avant intérêts et impôts (BAII, voir p. 46), c'est-à-dire le revenu engendré par l'actif économique, selon la décomposition suivante :

	Capitaux	→	Revenu
(1)	Actifs non financiers liés au cycle d'exploitation et d'investissement	→	Résultat d'exploitation
(2)	Actifs financiers (immobilisations financières, VMP)	→	Produits financiers – dotations financières (corrections de valeur)
(1) + (2)	Actif économique	→	Résultat économique avant impôt (= BAII)

N.B. : le résultat d'exploitation constitue une estimation du résultat économique avant impôts d'autant meilleure que les actifs financiers sont peu importants.
☐ Résultat économique après impôt. Si T est le taux de l'impôt sur les sociétés, le résultat économique après impôt vaut : BAII (1 – T). Actuellement, T vaut 33 1/3 %.

Formulation

$$\text{rentabilité économique avant impôt} = re = \frac{\text{BAII}}{\text{actif économique}}$$

rentabilité économique après impôt = r'e = re (1 – T)

MESURE DES CONCEPTS

Mesure de l'actif économique

La mesure est faite à partir du bilan financier d'une entreprise X.

ACTIF	PASSIF
Immobilisations nettes = 600	Capitaux propres (après répartition du résultat) = 500
Actif circulant (y compris EENE) = 1 200	Dettes financières (y compris concours bancaires courants et EENE) = 500
	Dettes non financières et provisions pour risques et charges = 800

ACTIF ÉCONOMIQUE	CAPITAUX INVESTIS
Immobilisations nettes = 600	Capitaux propres (après répartition du résultat) = 500
ANEX *(a)* = 400	Dettes financières (y compris concours bancaires courants et EENE) = 500

(a) ANEX = actif net d'exploitation
= actif circulant − dettes non financières
= 1 200 − 800 = 400

Actif économique = 600 + 400 = 1 000
Capitaux investis = 500 + 500 = 1 000

Mesure du résultat économique

Pour l'entreprise X on donne : EBE = 245 ; dotations aux amortissements = 100 ; dotations aux provisions : 20 (immobilisations financières : 10 ; stocks : 4 ; clients : 6) ; produits financiers : 25.
Taux de l'impôt sur les sociétés : 33 1/3 % = 1/3.

- Résultat d'exploitation = EBE − dotations aux amortissements et provisions d'exploitation
  = 245 − (100 + 4 + 6)
  = 135
- Résultat lié aux actifs financiers = 25 − 10 = 15
- Résultat économique avant impôt (BAII) = 135 + 15 = 150
- Résultat économique après impôt = BAII (1 − T) = 150 (1 − 1/3) = 100

Mesure de la rentabilité économique

- Avant impôt :

$$re = \frac{\text{BAII}}{\text{actif économique}} = \frac{150}{1\,000} = 15\,\%$$

- Après impôt :

$$r'e = re\,(1 - T) = 15\,\%\,(1 - 1/3) = 10\,\%$$

Vérification : $$r'e = \frac{\text{résultat économique après impôt}}{\text{actif économique}} = \frac{100}{1\,000} = 10\,\%$$

La rentabilité financière

Alors que la rentabilité économique est la rentabilité de l'outil de production, la rentabilité financière est la rentabilité des capitaux propres : elle tient compte du financement de l'entreprise et de l'importance des dettes financières par rapport aux capitaux propres dans les capitaux investis.

Structure du compte de résultat (simplifié)

	EBE (excédent brut d'exploitation)
–	DAP sur actifs non financiers
=	résultat d'exploitation
+	produits financiers
–	dotations aux provisions sur actifs financiers
=	bénéfice avant intérêts et impôt (BAII)
–	charges d'intérêt
=	résultat courant avant impôt
–	impôt sur les bénéfices (au taux T)
=	résultat courant après impôt

Signification et définition de la rentabilité financière

☐ L'outil de production rapporte un résultat égal à BAII. Le financement étant assuré par les capitaux propres (CP) et les dettes financières (D) (voir schéma p. 49), on prélève sur le BAII l'intérêt au taux i à verser aux dettes financières (i.D) ; le reste, soit BAII – i.D, revient aux capitaux propres.

☐ La rentabilité financière est le rapport entre le résultat revenant aux capitaux propres et les capitaux propres. Elle est calculée avant impôt (rcp) ou après impôt (r'cp)

$$rcp = \frac{BAII - i.D}{CP} \qquad r'cp = \frac{(BAII - i.D)(1 - T)}{CP}$$

☐ On retiendra : r'cp = rcp (1 – T) avec T = taux de l'impôt.

Relation entre rentabilité financière et rentabilité économique

☐ *Relation avant impôt*

$$re = \frac{BAII}{\text{actif économique}} = \frac{BAII}{CP + D}$$, ce qui entraîne : BAII = re.CP + re.D

$$rcp = \frac{BAII - i.D}{CP} = \frac{re.CP + re.D - i.D}{CP} = re + (re - i).\frac{D}{CP} \qquad (1)$$

☐ *Relation après impôt*

Si T est le taux de l'impôt, on a : i (1 – T) = i' = taux d'intérêt après impôt et re (1 – T) = r'e = taux de rentabilité économique après impôt.

En multipliant chacun des membre de l'égalité (1) par (1 – T), il vient :

$$r'cp = r'e + (r'e - i').\frac{D}{CP}$$. C'est la relation dite de l'effet de levier.

EXEMPLES

À partir des deux exemples présentés ci-dessous, comparez la rentabilité financière et la rentabilité économique et expliquez les différences constatées après impôt.

Exemple 1 : quatre entreprises A, B, C, D

On considère quatre entreprises A, B, C, D réalisant le même chiffre d'affaires, disposant d'un même actif économique de 800 et versant pour les dettes financières un intérêt au taux de 9 % (avant impôt). Le taux de l'impôt T est égal à 33 1/3 %.

	A	B	C	D
Chiffre d'affaires	10 000	10 000	10 000	10 000
- charges d'exploitation décaissables	9 900	9 840	9 860	9 850
= EBE	100	160	140	150
- DAP	20	80	40	60
= BAII	80	80	100	90
- charges d'intérêt (9 % avant impôt)	20	60	15	50
= résultat courant avant impôt	60	20	85	40
Actif économique	800	800	800	800
re = BAII/actif économique	10 %	10 %	12,5 %	11,25 %
Taux d'intérêt i (avant impôt)	9 %	9 %	9 %	9 %
Taux d'intérêt i' (après impôt) = 9 % (1 - 1/3)	6 %	6 %	6 %	6 %
D = charges d'intérêt/9 %	222	667	167	556
CP = 800 - D	578	133	633	244
rcp = (BAII - i . D)/CP	10,38 %	15,04 %	13,43 %	16,39 %
r'e = re (1 - 1/3)	6,67 %	6,67 %	8,33 %	7,5 %
r'cp = rcp (1 - 1/3)	6,92 %	10,03 %	8,95 %	10,93 %

Exemple 2 : trois exercices pour une même entreprise

	exercice N - 2	exercice N - 1	exercice N
Résultat d'exploitation	135	68	66
+ résultat lié aux actifs financiers	15	2	4
= BAII	150	70	70
- charges d'intérêt au taux i = 9 %	45	45	0
= résultat courant avant impôt	105	25	70
- impôt au taux T = 33 1/3 %	35	8,33	23,33
= résultat courant après impôt	70	16,67	46,67
Taux d'intérêt i' après impôt = 9 % (1 - 1/3)	6 %	6 %	6 %
D	500	500	0
CP	500	500	1 000
r'e = BAII (1 - T)/1 000	10 %	4,67 %	4,67 %
r'cp = résultat courant après impôt/CP	14 %	3,33 %	4,67 %

Corrigé p.154

L'effet de levier financier

L'endettement financier a pour effet d'accroître (ou de diminuer) la rentabilité des capitaux propres par rapport à la rentabilité économique. Il s'agit d'un effet multiplicateur de l'endettement financier, qui peut faire l'objet d'une formulation et d'une représentation graphique (p. 53).

Principe de l'effet de levier à partir d'un exemple (T = 33 1/3 % = 1/3)

	sans endettement	avec endettement
Capitaux propres CP	1 000	500
Dettes financières D	0	500
Actif économique = CP + D	1 000	1 000
BAII	150	150
– intérêt à 9 % de D	0	45
= résultat courant avant impôt	150	105
– impôt à 33 1/3 % (= 1/3)	50	35
= résultat courant après impôt	100	70
r'e = BAII (1 – 1/3)/D + CP	10 %	10 %
$r'cp = \frac{\text{résultat courant après impôt}}{CP}$	10 %	14 %

☐ *Sans endettement :*
L'appareil de production rapporte 10 % après impôt et ces 10 % reviennent en totalité aux capitaux propres :
r'e = r'cp = 10 %
☐ *Avec endettement :*
L'appareil de production rapporte 10 % après impôt alors qu'on s'endette à 6 % après impôt :
i' = 9 % (1 – T) = 6 %
La différence : 10 % – 6 % = 4 % profite aux associés et représente l'effet de levier dû à l'endettement :

$$\underbrace{14\,\%}_{r'cp} = \underbrace{10\,\%}_{r'e} + \underbrace{\text{surplus de 4 \% engendré par les dettes financières}}_{\text{effet de levier}}$$

Définition

On appelle effet de levier financier la différence engendrée par l'endettement financier entre la rentabilité des capitaux propres (= rentabilité financière) et la rentabilité économique. L'effet de levier peut être positif, négatif ou nul. Il peut être calculé avant impôt ou après impôt ; mais il est préférable de raisonner après impôt :

$$\text{effet de levier} = r'cp - r'e$$

Formulation

De la relation p. 50 : $r'cp = r'e + (r'e - i')\frac{D}{CP}$, on tire :

$$\text{effet de levier} = r'cp - r'e = (r'e - i') \cdot \frac{D}{CP}$$

L'effet de levier dépend de deux facteurs : (r'e – i'), d'une part, et $\frac{D}{CP}$, appelé levier financier, d'autre part.

☐ Si D = 0, l'effet de levier est nul et r'cp = r'e
☐ Si D > 0, on a trois cas :
* r'e = i' ⇒ l'effet de levier est nul et r'cp = r'e
* r'e > i' ⇒ l'effet de levier est positif et r'cp > r'e
* r'e < i' ⇒ l'effet de levier est négatif et r'cp < r'e

GRAPHIQUE

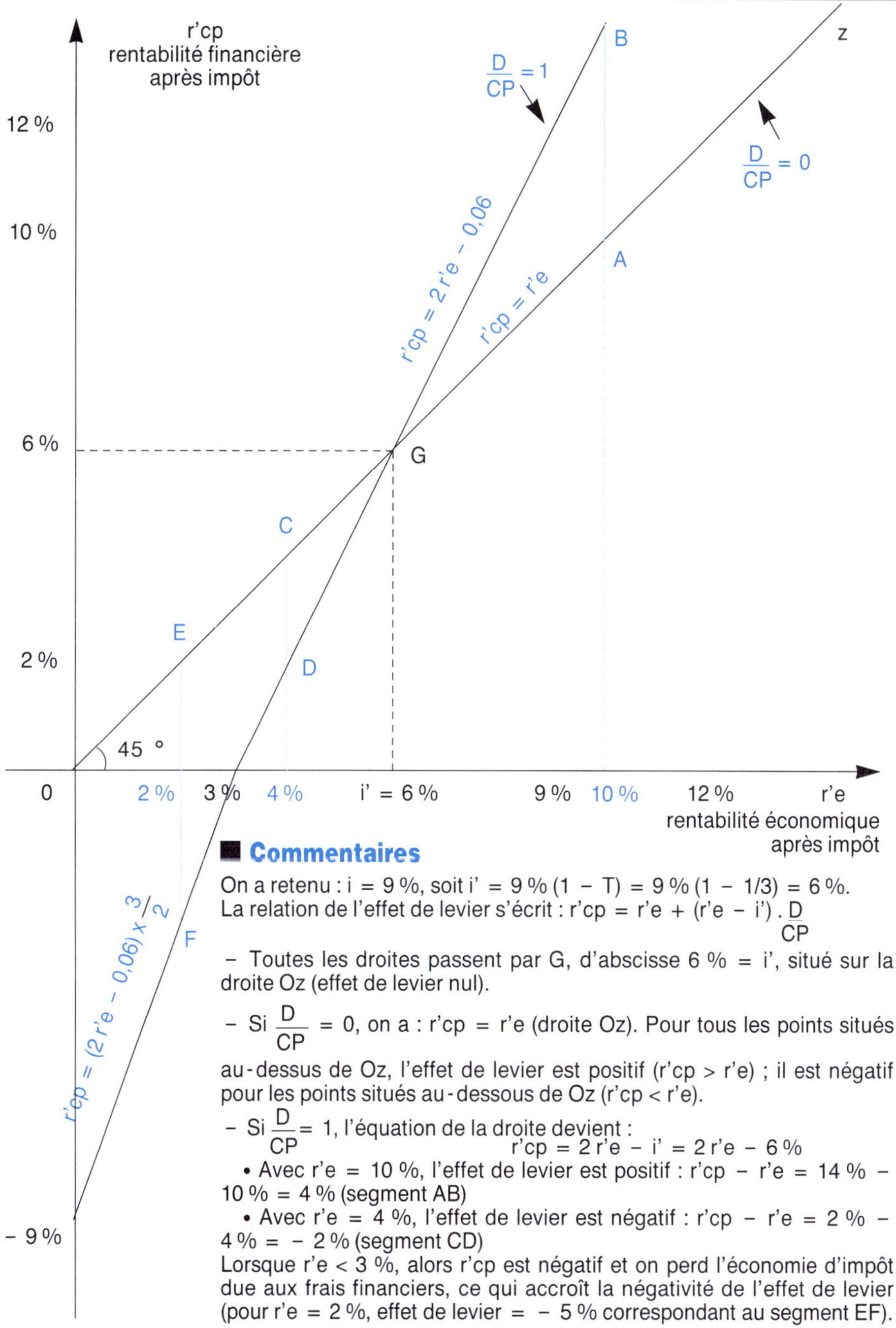

Commentaires

On a retenu : i = 9 %, soit i' = 9 % (1 – T) = 9 % (1 – 1/3) = 6 %.
La relation de l'effet de levier s'écrit : $r'cp = r'e + (r'e - i') \cdot \frac{D}{CP}$

– Toutes les droites passent par G, d'abscisse 6 % = i', situé sur la droite Oz (effet de levier nul).

– Si $\frac{D}{CP} = 0$, on a : r'cp = r'e (droite Oz). Pour tous les points situés au-dessus de Oz, l'effet de levier est positif (r'cp > r'e) ; il est négatif pour les points situés au-dessous de Oz (r'cp < r'e).

– Si $\frac{D}{CP} = 1$, l'équation de la droite devient :
r'cp = 2 r'e – i' = 2 r'e – 6 %

• Avec r'e = 10 %, l'effet de levier est positif : r'cp – r'e = 14 % – 10 % = 4 % (segment AB)

• Avec r'e = 4 %, l'effet de levier est négatif : r'cp – r'e = 2 % – 4 % = – 2 % (segment CD)

Lorsque r'e < 3 %, alors r'cp est négatif et on perd l'économie d'impôt due aux frais financiers, ce qui accroît la négativité de l'effet de levier (pour r'e = 2 %, effet de levier = – 5 % correspondant au segment EF).

Risque économique et risque financier

Le couple rentabilité-risque est indissociable : à la rentabilité économique est attaché le risque économique, à la rentabilité financière le risque financier.

Risque économique

□ Le risque économique (ou risque d'exploitation) exprime la sensibilité du résultat économique (ou du résultat d'exploitation) à une variation du niveau d'activité.
□ On peut estimer ce risque en calculant la variance du résultat économique ou son élasticité ou sa position par rapport au point mort (p. 55 ci-contre).
□ Considérons la variance du résultat économique R comme indicateur du risque d'exploitation. Si P est la production ou les ventes, v le pourcentage de charges variables par rapport à P, F les charges fixes d'exploitation, on a :

$$R = (1 - v) \,.\, P - F$$

$$\text{Var}\,(R) = (1 - v)^2 \,.\, \text{Var}\,(P) \text{ puisque Var } F = 0.$$

□ Le risque économique est d'autant plus grand que le pourcentage de marge sur coût variable (1 – v) est plus important.

Risque financier

□ C'est un risque supplémentaire qui dépend du financement de l'entreprise (dettes financières). Lorsqu'une entreprise est financée exclusivement par des capitaux propres, il n'y a pas de charges d'intérêt et pas de risque financier ; seul existe le risque économique.
□ Le risque financier apparaît lorsque l'entreprise s'endette (dettes financières) ; alors les associés doivent supporter à la fois le risque économique et le risque financier, c'est-à-dire le risque global.
□ Le risque financier s'exprime par l'accroissement de la variabilité du taux de rentabilité des capitaux propres par rapport à la rentabilité économique. Considérons la variance du taux de rentabilité des capitaux propres comme indicateur du risque financier et calculons cette variance à partir de la relation de l'effet de levier :

$$r'cp = r'e + (r'e - i')\,\frac{D}{CP}$$

On obtient :

$$\text{Var}\,(r'cp) = \text{Var}\left[r'e + (r'e - i')\,.\,\frac{D}{CP}\right] = \text{Var}\left[r'e\,(1 + \frac{D}{CP}) - i'.\,\frac{D}{CP}\right]$$

Si l'on suppose une dette sans risque, $\text{Var}\,(i'.\,\frac{D}{CP}) = 0$ et on a :

$$\text{Var}\,(r'cp) = (1 + \frac{D}{CP})^2 \,.\, \text{Var}(r'e)$$

Plus $\frac{D}{CP}$ est élevé, plus le risque financier est important : l'endettement accroît le risque financier.
□ Le risque financier est distinct du risque de faillite qui correspond à l'impossibilité pour l'entreprise de faire face à toutes ses dettes. L'endettement accroît le risque financier et le risque de faillite et les deux risques sont souvent liés.

VARIATION DU RÉSULTAT D'EXPLOITATION EN FONCTION DE L'ACTIVITÉ

Graphique du point mort

Désignons par P le niveau de production (ou de ventes), par v le pourcentage de charges variables par rapport à la production P, et par F les charges fixes. Le résultat d'exploitation R est une fonction de P qui s'écrit :

$$R = P - v.P - F = (1 - v).P - F.$$

Le point mort PM est la production pour laquelle le résultat d'exploitation est nul :

$$0 = (1 - v)PM - F \Leftrightarrow PM = \frac{F}{1 - v}$$

Soit deux entreprises E1 et E2 qui ont le même potentiel économique et des structures de charges différentes :

v = 50 % et F = 100 soit PM_1 = 200 pour E1
v = 30 % et F = 300 soit PM_2 = 428 pour E2

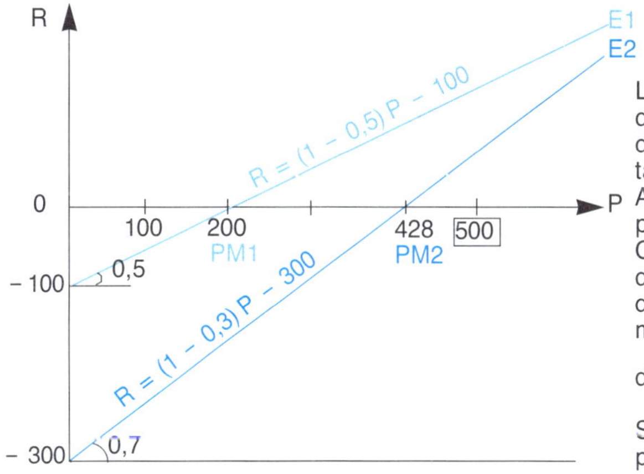

La situation de E2 est plus risquée que celle de E1 en raison des charges fixes plus importantes.
Ainsi pour P = 500, E2 est plus proche de son point mort que E1. On peut mesurer ce risque d'exploitation par un indicateur de position par rapport au point mort désigné par d :

$$d = \frac{P - PM}{P}.$$

Si P – 500, on obtient : d = 0,6 pour E1 et d = 0,144 pour E2 ; plus d est faible, plus le risque est grand.

Élasticité e du résultat d'exploitation R par rapport à la production P

$$e = \frac{\text{variation relative du résultat d'exploitation}}{\text{variation relative de la production}} = \frac{\Delta R/R}{\Delta P/P}$$

Puisque $R = (1 - v)P - F$ et $\Delta R = (1 - v)\,\Delta P$, il vient :

$$e = \frac{\Delta R}{R} \times \frac{P}{\Delta P} = \frac{(1 - v)\,\Delta P \times P}{R \times \Delta P} = \frac{P}{\frac{R}{1 - v}} = \frac{P}{P - \frac{F}{1 - v}} = \frac{P}{P - PM}$$

Plus e est grand (ce qui correspond à P – PM petit), plus la situation est risquée. Si P = 500, on a : e = 1,67 pour E1 et e = 6,94 pour E2.

Les fondements du tableau de financement

Pour étudier l'équilibre financier à une date donnée, on établit un bilan. Pour étudier l'évolution de l'équilibre financier dans le temps, on élabore un tableau de flux.

Le tableau de financement est un tableau de flux de fonds (voir p. 20 pour la notion de flux de fonds)

□ Les flux de fonds sont des emplois nouveaux, ou des ressources nouvelles, qui apparaissent dans l'exercice, qui sont des variations positives ou négatives de stocks et qui représentent des flux potentiels de trésorerie.
□ Ajoutés ou retranchés aux stocks d'emplois et de ressources existant au début de l'exercice, ils se retrouvent dans les stocks d'emplois et de ressources à la fin de l'exercice.

La distinction des flux de fonds de l'exercice N

On détermine les flux de fonds à partir des bilans fonctionnels au 31/12/N–1 et au 31/12/N, par différence entre les stocks d'emplois et de ressources au 31/12/N et les stocks d'emplois et de ressources au 31/12/N–1. On procède comme suit :
□ On calcule, pour chaque rubrique de l'actif et du passif du bilan fonctionnel, la variation du stock (Δ stock) à partir des relations suivantes :

Δ stock d'emplois = stock d'emplois au 31/12/N – stock d'emplois au 31/12/N–1
Δ stock de ressources = stock de ressources au 31/12/N – stock de ressources au 31/12/N–1

□ On obtient des variations positives, écrites Δ^+, et des variations négatives, écrites Δ^-. La classification en flux d'emplois et en flux de ressources est faite selon les règles indiquées ci-après :

Flux d'emplois = Δ^+ stock d'emplois ou Δ^- stock de ressources
Flux de ressources = Δ^+ stock de ressources ou Δ^- stock d'emplois

L'application de ces règles est faite dans les exemples de la page 57.
□ On élimine des flux d'emplois et de ressources, les *flux fictifs*, qui ne sont pas des flux potentiels de trésorerie, pour obtenir les flux de fonds.

Procédure pratique de détermination des flux de fonds

Elle comporte trois étapes :
□ Étape 1 : construction des bilans fonctionnels au 31/12/N–1 et au 31/12/N.
□ Étape 2 : construction de la balance des mutations pour recenser les mouvements comptables de l'exercice N : flux d'emplois et flux de ressources.
□ Étape 3 : analyse des mouvements comptables pour distinguer les flux de fonds, qui conduisent à terme à un flux de trésorerie, des flux fictifs, qui doivent être éliminés (exemples de flux fictifs : augmentation de capital par incorporation de réserves, réduction dc capital pour couvrir des pertes, virement de subventions d'investissement au résultat, etc.).

EXEMPLES DE FLUX D'EMPLOIS ET DE RESSOURCES

Données : bilan au 31/12/N de l'entreprise K et tableaux extraits de l'annexe

Actif	Exercice N			Net	Passif	N	N-1
	Brut	A et P	Net	N-1			
Immobilisations	47	24	23	22	Capital et réserves (1)	22	17
Stocks	6	1,5	4,5	2	Résultat (2)	3	1,5
Créances clients	4	3,5	0,5	5	Emprunts	4	7,5
Disponibilités	7	-	7	4	Dettes fournisseurs	6	7
	64	29	35	33		35	33

1. Le capital a été augmenté par apports en numéraire.
2. Le résultat de l'année (N – 1) a été entièrement distribué.

	Brut 31/12/N-1	Augment. N	Diminut. N	Brut 31/12/N
Immobilisations	43	10 (4)	6 (3)	47

Amortissements	Cumul 31/12/N-1	Dotations N	Diminut. N	Cumul 31/12/N
Immobilisations	21	7	4 (3)	24

Provisions	31/12/N-1	Dotations	Reprises	31/12/N
Sur stocks	4,5	-	3	1,5
Sur créances	2,5	1	-	3,5
	7	1	3	5

3. Un bâtiment amorti pour 4 a été vendu pour 8,5 (valeur d'origine : 6).
4. Un matériel neuf a été acquis pour 10.

Solution (*N.B.* : Dans le bilan fonctionnel, on retient les valeurs brutes en emplois, les amortissements et provisions pour dépréciation d'actif sont portés dans les ressources).

– **Exemple 1 : immobilisations (= stock d'emploi)**

Δ = valeur brute au 31/12/N – valeur brute au 31/12/N – 1 = 47 – 43 = 4

Cette variation est décomposée en deux (voir tableau des immobilisations) :

Δ^+ = 10 = augmentation d'un stock d'emploi = *flux d'emploi*

Δ^- = 6 = diminution d'un stock d'emploi = *flux de ressource*

– **Exemple 2 : amortissements (= stock de ressource)**

Δ = valeur au 31/12/N – valeur au 31/12/N – 1 = 24 – 21 = 3

Cette variation est décomposée en deux (voir tableau des amortissements) :

Δ^+ = 7 = augmentation d'un stock de ressource = *flux de ressource*

Δ^- = 4 = diminution d'un stock de ressource = *flux d'emploi*

– **Tous les flux d'emplois et de ressources sont présentés dans les corrigés, p. 155.**

La balance des mutations

En pratique, la détermination des flux d'emplois et de ressources est facilitée par l'établissement d'une balance des mutations. Un modèle est établi sur la page 59 à partir des données ci-dessous ; il repose sur la relation d'équilibre fonctionnel appliquée à la période : Δ FR fonctionnel – Δ BFR = Δ TN.

Bilan au 31/12/N de la société RC (en millions de francs = MF)

Actif	Exercice N Brut	A et P	Net	Net N–1	Passif	N	N–1
Constructions	60	15	45	48	Capital	120	100
Installations techniques	90	40	50	43	Réserves	20	16
Autres immobilisations corporelles	43	22	21	24	Résultat de l'exercice	14	12
Prêts	14	–	14	18	Provisions réglementées	6	4
Stocks de matières	35	6	29	25	Provisions pour risques	9	10
Créances clients	64	10	54	48	Emprunts	30	46
Créances diverses	9	–	9	11	Dettes fournisseurs	35	38
Valeurs mobilières de placement	16	4	12	10	Dettes fiscales et sociales	5	4
Disponibilités	8	–	8	5	Dettes sur immobilisations	3	2
	339	97	242	232		242	232

Tableaux de l'annexe : I. Immobilisations ; II. Amortissements ; III. Provisions (en MF)

	Valeur brute 31/12/N–1	Augmentation N	Diminution N	Valeur brute 31/12/N
I Constructions	60			60
Installations techniques	75	15		90
Autres immobilisations corporelles	40	10	7	43
Prêts	18		4	14
II Amortissements des constructions	12	3		15
Amortiss. des installations techniques	32	8		40
Amortiss. des autres immob. corporelles	16	9	3	22
III Provisions réglementées	4	2		6
Provisions pour risques	10	3	4	9
Provisions pour dépréciation des stocks	5	2	1	6
Prov. pour dépréc. des créances clients	12	3	5	10
Provisions pour dépréciation des VMP	3	2	1	4

On a cédé en N du matériel de transport et du matériel de bureau (= autres immobilisations corporelles) pour un prix de 8 (valeur d'origine des matériels cédés : 7 ; amortissement des matériels cédés : 3). Sur le bénéfice de N–1, on a distribué en N des dividendes de 8 et mis en réserves le reste, soit 4.

UN MODÈLE DE BALANCE DES MUTATIONS

Rubriques du bilan fonctionnel	31/12/N	31/12/N-1	Δ N – (N-1)	Flux d'emplois	Flux de ressources
A. Ressources stables	296	268	28		
Capital	120	100	20		20
Réserves	20	16	4		4
Résultat de l'exercice	14	12	2		2
Provisions réglementées	6	4	2		2
Provisions pour risques	9	10	– 1	4 (1)	3 (1)
Amortissements et provisions pour dépréc. d'actif	97 (2)	80 (3)	17	10 (4)	27 (5)
Emprunts	30	46	– 16	16	
B. Emplois stables	207	193	14		
Immobilisations brutes	207	193	14	25 (6)	11 (6)
FR fonctionnel = A – B	89	75	14	55	69
C. Actif circulant d'exploitation	99	90	9		
Stocks (en brut)	35	30 (7)	5	5	
Créances clients + EENE (en brut)	64	60 (8)	4	4	
D. Passif circulant d'exploitation	40	42	– 2		
Dettes fournisseurs	35	38	– 3	3	
Dettes fiscales et sociales (hors impôt sociétés)	5	4	1		1
BFRE = C – D	59	48	11	12	1
E. Actif circulant hors exploitation	9	11	– 2		
Créances diverses	9	11	– 2		2
F. Passif circulant hors exploitation	3	2	1		
Dettes sur immobilisations	3	2	1		1
BFRHE = E – F	6	9	– 3	0	3
G. Trésorerie d'actif	24	18	6		
Valeurs mobilières de placement (en *brut*)	16	13 (9)	3	3	
Disponibilités	8	5	3	3	
H. Trésorerie de passif	0	0	0		
Concours bancaires courants + EENE					
TN = G – H	24	18	6	6	0
Total des flux				73	73
FR fonctionnel – BFR (BFRE + BFRHE)	89 – 65	75 – 57	14 – 8		
= TN	24	18	6		

1. Tableau III : augmentation 3, diminution 4.
2. Total de la colonne A et P, à l'actif.
3. 12 + 32 + 16 (tableau II) + 5+ 12 + 3 (tableau III, colonne N – 1).
4. 3 (tableau II) + 1 + 5 + 1 (tableau III, colonne diminution N).
5. 3 + 8 + 9 (tableau II) + 2 + 3 + 2 (tableau III, colonne augmentation N).
6. Voir tableau I : 7 + 4 = 11 et 15 + 10 = 25.
7. Valeur brute = 25 (net) + 5 (provision N – 1).
8. Valeur brute = 48 (net) + 12 (provision N – 1).
9. Valeur brute = 10 (net) + 3 (provision N – 1).

La balance des mutations recense tous les mouvements comptables de l'exercice et englobe des flux fictifs, qu'il faut éliminer, pour ne garder que les flux potentiels de trésorerie, seuls retenus dans le tableau de financement.

La capacité d'autofinancement

La capacité d'autofinancement (CAF) est l'élément central qui permet d'établir le tableau de financement traduisant l'équilibre financier dans la période.

Définition

☐ La capacité d'autofinancement (CAF) est un flux de trésorerie potentielle, un flux de fonds, engendré par l'activité de l'entreprise et qui représente les ressources de financement interne. On la calcule à partir du compte de résultat, sans y inclure les produits des cessions, considérés comme hors activité normale.

CAF = tous les produits encaissables – toutes les charges décaissables
(sauf produits des cessions)

Détermination à partir du compte de résultat

☐ *Première méthode : à partir de l'excédent brut d'exploitation (EBE)*

CAF = EBE + autres produits encaissables – autres charges décaissables

Dans le détail, on obtient :

CAF = EBE + transferts de charges d'exploitation + autres produits d'exploitation – autres charges d'exploitation ± quotes-parts de résultat sur opérations faites en commun + produits financiers (sauf reprises sur provisions) – charges financières (sauf dotations) + produits exceptionnels (sauf produits des cessions, quotes-parts de subventions d'investissement et reprises sur provisions) – charges exceptionnelles (sauf valeurs comptables des cessions et dotations) – participation des salariés – impôts sur les bénéfices

☐ *Deuxième méthode : à partir du résultat net* (méthode plus simple)

(1) Produits encaissables (sauf produits des cessions) = tous les produits - produits non encaissables – produits des cessions

(2) Charges décaissables = toutes les charges – charges non décaissables

(1) – (2) CAF = résultat net + charges non décaissables – produits non encaissables – produits des cessions

On retient :

CAF = résultat net + DAP – RAP + valeurs comptables des cessions – produits des cessions – subventions d'investissement virées au résultat

Détermination à partir de la balance des mutations (pour vérification)

☐ La CAF vient accroître les capitaux propres d'origine interne, avec deux corrections :
- réintégration du dividende distribué, la CAF étant calculée avant répartition du résultat ;
- élimination de l'impact des cessions d'immobilisations sur les capitaux propres.

☐ On retient :

CAF = Δ capitaux propres d'origine interne + dividende distribué
+ amortissements des cessions – résultat des cessions

CALCUL DE LA CAF (SUITE DU CAS DE LA SOCIÉTÉ RC p. 58)

Données complémentaires : compte de résultat de la société RC pour l'année N (en MF)

Charges d'exploitation		**Produits d'exploitation**	
Achats de matières	305	Production vendue	1 000
Δ Stocks de matières (1)	– 5	RAP	10
Autres charges externes	150	**Produits financiers**	
Impôts et taxes	120	Revenus financiers	3
Charges de personnel	395	Reprises sur provisions	1
DAP	28	**Produits exceptionnels**	
Charges financières		Produits des cessions d'éléments d'actif	8
DAP	2		
Intérêts	1		
Charges exceptionnelles			
Valeurs comptables des cessions	4		
DAP	2		
Impôts sur les bénéfices	6		
SOLDE CRÉDITEUR : BÉNÉFICE	14		
	1 022		1 022

1. Ici, Δ stocks de matières = Si – Sf (il s'agit de la présentation comptable pour mesurer la consommation).

Détermination de la CAF (exercice N) à partir du compte de résultat

– *Première méthode : à partir de l'EBE* (pour le calcul de l'EBE, voir p. 44)
Production de l'exercice (PE) = production vendue = 1 000
Valeur ajoutée (VA) = PE – consommation de l'exercice en provenance des tiers = 1 000 – (305 – 5 + 150) = 550
EBE = VA + subventions d'exploitation – impôts et taxes – charges de personnel = 550 – 120 – 395 = 35
Produits financiers (sauf reprises) = 3 ; charges financières (sauf dotations) = 1 ; produits exceptionnels (sauf produits des cessions) = 0 ; charges exceptionnelles (sauf valeur comptable des cessions et dotations) = 0 ; impôts sur les bénéfices = 6.
Au total, on obtient : CAF = 35 + 3 – 1 – 6 = **31**

– *Deuxième méthode : à partir du résultat net*

• Bénéfice de l'exercice	14
• plus DAP : 28 + 2 + 2	+ 32
• moins RAP : 10 + 1	– 11
• plus valeur comptable des cessions : 4	+ 4
• moins produits des cessions :	– 8
= CAF	**31**

Détermination de la CAF (exercice N) à partir de la balance des mutations (p. 59)

• Δ capitaux propres d'origine interne = Δ réserves + Δ résultat + Δ provisions et amortissements = 4 + 2 + 2 – 1 + 17	= 24
• plus dividende distribué (p. 58)	= + 8
• plus amortissements des cessions (p. 58)	= + 3
• moins résultat des cessions (cf. ci-dessus) : 8 – 4	= – 4
= CAF	**31**

Présentation des tableaux de financement

Dans sa norme n° 7 en 1976, l'International Accounting Standards Committee (IASC) a retenu le principe de diversité de présentation des tableaux de financement.

Les premiers modèles

□ En France, les premiers tableaux ont été présentés dans l'optique patrimoniale (analyse liquidité) :
– modèle proposé par l'Ordre des experts-comptables (OECCA) en 1968,
– modèles construits par le Crédit national, institution financière d'État destinée à financer à long terme les entreprises (le 1er modèle a été utilisé à partir de 1964).
Ces premiers tableaux bouclent sur la variation du fonds de roulement.
□ L'IASC propose, en annexe de la norme n° 7, un tableau de financement bouclant sur la variation de la trésorerie obtenue par différence entre, d'une part, toutes les ressources et, d'autre part, tous les emplois à long, moyen et court terme.

Les tableaux de financement fonctionnels

□ Ils sont basés sur la relation de l'équilibre fonctionnel dans la période :

$$\Delta \text{ FR fonctionnel} - \Delta \text{ BFR} = \Delta \text{ TN}$$

Certains distinguent Δ BFRE et Δ BFRHE, d'autres non.
□ On peut citer :
– le modèle global du Crédit national, dans lequel Δ TN englobe Δ BFRHE,
– le tableau de financement du PCG de 1982, étudié en détail dans les pages suivantes, où apparaissent Δ BFRE et Δ BFRHE,
– le tableau de financement pour les entreprises adhérant à un centre de gestion agréé (arrêté du 24/01/85), où Δ BFRE et Δ BFRHE sont regroupés dans la même rubrique.

Les tableaux de financement de la Banque de France

Ils peuvent être mis à part en raison de leur originalité :
– le tableau des ressources et des emplois (TRE) de 1975, désormais abandonné et remplacé par le suivant,
– le tableau des emplois et des ressources (TER) de 1987.

La construction d'un modèle de tableau de financement fonctionnel

On adopte sur la page 63 une présentation orthodoxe, conforme à l'optique fonctionnelle en calculant du haut vers le bas : Δ FR fonctionnel, Δ BFRE, Δ BFRHE et Δ TN (les chiffres sont ceux du cas traité dans les pages 58 à 61). Dans la conception fonctionnelle, la variation du FR fonctionnel a un rôle de financement de la variation du BFRE, cette dernière constituant le concept fondamental. La variation de trésorerie est résiduelle :

$$\Delta \text{ TN} = \Delta \text{ FR fonctionnel} - (\Delta \text{ BFRE} + \Delta \text{ BFRHE})$$

UN MODÈLE DE TABLEAU DE FINANÇEMENT FONCTIONNEL (SUITE DU CAS DE LA SOCIÉTÉ RC pp. 58, 59, 61)

FLUX DE FONDS (année N)	Emplois	Ressources
Ressources stables		
Capacité d'autofinancement (p. 61)		31
Cession d'immobilisations (au prix de cession) (p. 58)		8
Réduction d'immobilisations financières (prêts) (p. 58)		4
Augmentation de capital (en numéraire ou en nature) (p. 59)		20
Emplois stables		
Dividendes versés (p. 58)	8	
Investissements en immobilisations corporelles (p. 58)	25	
Remboursement d'emprunts (p. 59)	16	
TOTAL	49	63
Δ FR fonctionnel = ressources stables – emplois stables = 63 – 49 = 14		
Flux liés à l'actif circulant d'exploitation = Δ ACE (p. 59)		
Augmentation des stocks	5	
Augmentation des créances clients	4	
Flux liés au passif circulant d'exploitation = Δ PCE (p. 59)		
Diminution des dettes fournisseurs	3	
Augmentation des dettes fiscales et sociales		1
TOTAL	12	1
Δ BFRE = Δ ACE – Δ PCE = 12 – 1 = 11		
Flux liés à l'actif circulant hors exploitation = Δ ACHE (p. 59)		
Diminution des créances diverses		2
Flux liés au passif circulant hors exploitation = Δ PCHE (p. 59)		
Augmentation des dettes sur immobilisations		1
TOTAL	0	3
Δ BFRHE = Δ ACHE – Δ PCHE = 0 – 3 = – 3		
Flux de trésorerie d'actif = Δ TA (p. 59)		
Augmentation des valeurs mobilières de placement	3	
Augmentation des disponibilités	3	
Flux de trésorerie de passif = Δ TP (p. 59)		
TOTAL	6	0
Δ TN = Δ TA – Δ TP = 6		
TOTAL GÉNÉRAL	67	67

Δ FR fonctionnel – Δ BFR = Δ TN
14 – (11 – 3) = 6

N.B. : Un emploi est une augmentation d'un stock d'emploi à l'actif du bilan fonctionnel, ou une diminution d'un stock de ressource au passif. Une ressource est une augmentation d'un stock de ressource au passif du bilan fonctionnel, ou une diminution d'un stock d'emploi à l'actif.

Le tableau de financement du PCG (tableau I)

Dans le système développé du PCG, il est proposé un tableau de financement inspiré de la conception fonctionnelle et composé de deux tableaux I et II, étudiés ci-après.

Structure du tableau I (modèle p. 65)

□ La partie droite recense les flux de ressources stables (pour N et N – 1).
□ La partie gauche présente les flux d'emplois stables (pour N et N – 1).
□ La différence (Δ FR net global) est portée au bas du tableau, à gauche s'il s'agit d'un excédent de ressources sur les emplois, à droite dans le cas contraire.

Flux de ressources stables

□ *Capacité d'autofinancement de l'exercice (CAF).* Voir page 60.
□ *Cessions ou réductions d'immobilisations*
Les cessions sont évaluées au prix de vente hors taxes. On peut les trouver dans le compte de résultat, sous la rubrique « Produits exceptionnels sur opérations en capital » (une partie seulement de cette rubrique).
□ *Augmentation des capitaux propres*
- Pour l'augmentation de capital, il s'agit des apports en numéraire, ou en nature, mais non d'une incorporation des réserves au capital.
- L'augmentation des autres capitaux propres correspond exclusivement aux subventions d'investissement reçues dans l'exercice.
□ *Augmentation des dettes financières*
Il s'agit des fonds d'emprunts, à l'exclusion des concours bancaires courants et des soldes créditeurs des banques, qui ne sont pas des ressources stables.

Flux d'emplois stables

□ *Distributions mises en paiement*
Ce sont les dividendes versés au cours de l'exercice et provenant du résultat de l'exercice précédent. Ils figurent dans le tableau des affectations du résultat.
À défaut, on fait le calcul suivant : dividendes versés en N = résultat (N – 1) – augmentation des réserves entre le 31/12/N – 1 et le 31/12/N
□ *Acquisitions d'éléments de l'actif immobilisé*
On inscrit le prix payé. L'information figure en annexe, dans le tableau des immobilisations. À défaut, on calcule, à partir de la relation suivante : valeurs brutes des immobilisations au 31/12/N – 1 + acquisitions – diminutions = valeurs brutes des immobilisations au 31/12/N
□ *Charges à répartir sur plusieurs exercices.* C'est le montant brut porté au débit du compte n° 481 au cours de l'exercice (n° 481 : charges à répartir).
□ *Réduction des capitaux propres.* Ce sont des sorties de fonds = remboursement du capital, distribution des réserves aux associés.
□ *Remboursements de dettes financières.* Il s'agit des remboursements d'emprunts, calculés comme suit : dettes financières au 31/12/N – 1 + augmentations – remboursements = dettes financières au 31/12/N.

Modèle de tableau des emplois et des ressources de l'exercice

Tableau de financement en compte (1)

EMPLOIS	Exercice N	Exercice N – 1	RESSOURCES	Exercice N	Exercice N – 1
Distributions mises en paiement			Capacité d'autofinancement de l'exercice	31	
au cours de l'exercice	8				
Acquisitions d'éléments de l'actif immobilisé :			Cessions ou réductions d'éléments de l'actif immobilisé :		
Immobilisations incorporelles					
Immobilisations corporelles	25		Cessions d'immobilisations :		
Immobilisations financières			– incorporelles		
			– corporelles	8	
Charges à répartir sur plusieurs exercices *(a)*			Cessions ou réductions d'immobilisations financières	4	
Réduction des capitaux propres (réduction de capital, retraits)			Augmentation des capitaux propres :		
			Augmentation de capital ou apports	20	
			Augmentation des autres capitaux propres		
Remboursements de dettes financières *(b)*	16		Augmentation des dettes financières *(b)* *(c)*		
Total des emplois	49		**Total des ressources**	63	
Variation du fonds de roulement net global (ressource nette)	14		Variation du fonds de roulement net global (emploi net)		

a. montant brut transféré au cours de l'exercice
b. sauf concours bancaires courants et soldes créditeurs de banques
c. hors primes de remboursement des obligations

N.B. : Les chiffres qui figurent dans ce tableau correspondent au cas de la société RC (p. 58) traité dans les pages 59, 61 et 63 (voir essentiellement la partie supérieure du tableau p. 63).

Le tableau de financement du PCG (tableau II)

Alors que le tableau I recense les ressources et les emplois stables, le tableau II présente les variations Exploitation, Hors exploitation et Trésorerie.

Utilisation des colonnes Besoins et Dégagements (voir tableau II p. 67)

☐ Si, pour un poste de l'actif circulant (stocks, par exemple), la différence :

valeur brute (N) – valeur brute (N – 1)

est positive, il apparaît un besoin à financer et cette différence est notée dans la colonne Besoins. Si la différence est négative, il y a diminution d'un emploi, qui engendre une ressource inscrite dans la colonne Dégagements.

☐ Si, pour un poste de dettes (dettes d'exploitation, hors exploitation, dettes de trésorerie), la différence : valeur brute (N) – valeur brute (N – 1) est positive, il apparaît une ressource notée dans la colonne Dégagements. Si la différence est négative, il y a diminution de ressources inscrite dans la colonne Besoins.

Variations Exploitation

Elles regroupent les variations de l'actif circulant d'exploitation (stocks et créances d'exploitation) et les variations du passif circulant d'exploitation (dettes d'exploitation). Sur la ligne A, dans la colonne Solde, on inscrit la différence entre le total des dégagements (ressources) d'exploitation et le total des besoins d'exploitation. Un solde négatif exprime un besoin en fonds de roulement d'exploitation, un solde positif une ressource en fonds de roulement d'exploitation. Autrement dit : Solde A = – Δ BFRE

Variations Hors exploitation

☐ Elles regroupent les variations de l'actif circulant hors exploitation et les variations du passif circulant hors exploitation. Sur la ligne B, dans la colonne Solde, il peut apparaître un besoin en fonds de roulement hors exploitation (solde négatif) ou une ressource (solde positif). Autrement dit : Solde B = – Δ BFRHE

☐ Le total A + B, s'il est négatif, traduit le besoin de l'exercice en fonds de roulement ; s'il est positif, il représente un dégagement de fonds de roulement.

Variations Trésorerie

☐ Elles rassemblent les variations des disponibilités et les variations des dettes de trésorerie. Sur la ligne C, dans la colonne Solde, il peut apparaître un montant négatif (besoin net de trésorerie), ou un montant positif (dégagement net de trésorerie). En conséquence : Solde C = – Δ TN

☐ Le total A + B + C indique un emploi net ou une ressource nette. On obtient :

TOTAL A + B + C = – Δ BFRE – Δ BFRHE – Δ TN = – Δ FR net global

Si le tableau I fait ressortir une variation du FR net global qui est une ressource nette, le tableau II montre comment cette ressource a été utilisée et aboutit à un emploi net d'égal montant (c'est le cas dans l'exemple traité). A contrario, une ressource nette dans II compense un emploi net dans I.

EXEMPLE

Modèle de tableau des emplois et des ressources de l'exercice

Tableau de financement en compte (II)

VARIATION DU FONDS DE ROULEMENT NET GLOBAL	Exercice N			Exercice N - 1
	Besoins 1	Dégagements 2	Solde 2 - 1	Solde
Variations Exploitation :				
Variations des actifs d'exploitation :				
Stocks et en-cours	5 (1)			
Avances et acomptes versés sur commandes				
Créances clients, comptes rattachés et autres créances d'exploitation *(a)*	4 (1)			
Variations des dettes d'exploitation :				
Avances et acomptes reçus sur commandes en cours				
Dettes fournisseurs, comptes rattachés et autres dettes d'exploitation *(b)*	2 (2)			
Totaux	11	0		
A. Variation nette Exploitation *(c)*			- 11	
Variations Hors exploitation :				
Variations des autres débiteurs *(a) (d)*	1 (3)			
Variations des autres créditeurs *(b)*		1 (4)		
Totaux	1	1		
B. Variation nette Hors exploitation *(c)*.			0	
TOTAL A + B : Besoins de l'exercice en fonds de roulement ou Dégagement net de fonds de roulement dans l'exercice			11	
Variations Trésorerie				
Variations des disponibilités	3 (5)			
Variations des concours bancaires courants et soldes créditeurs de banques				
Totaux	3	0		
C. Variation nette Trésorerie *(c)*			- 3	
Variation du fonds de roulement net global (Total A + B + C) : Emploi net ou Ressource nette			14	

a. y compris charges constatées d'avance selon leur affectation à l'exploitation ou non.
b. y compris produits constatés d'avance selon leur affectation à l'exploitation ou non.
c. les montants sont assortis du signe (+) lorsque les dégagements l'emportent sur les besoins et du signe (−) dans le cas contraire.
d. y compris valeurs mobilières de placement.

1. voir p. 63
2. p. 63 : 3 (fournisseurs) − 1 (dettes fiscales et sociales)
3. p. 63 : 3 (VMP) − 2 (créances diverses)
4. dettes sur immobilisations (voir p. 63)
5. ne comprend pas les VMP mises dans les variations hors exploitation.

N.B. : Les chiffres qui figurent dans ce tableau correspondent au cas de la société RC (p. 58) traité dans les pages 59, 61 et 63 (voir essentiellement la partie inférieure du tableau p. 63).

Interprétation du tableau de financement

L'interprétation s'appuie sur l'analyse de Δ FR fonctionnel, de Δ BFRE et de Δ TN. L'évolution est favorable si la trésorerie s'accroît.

Analyse de Δ FR fonctionnel

Les flux de ressources stables doivent couvrir les flux d'emplois stables pour dégager une ressource nette. Deux aspects sont importants : le financement de l'investissement et la capacité de remboursement des dettes financières stables.

☐ *Financement de l'investissement.* L'investissement est-il financé par des ressources propres (CAF + augmentation de capital) ou par des emprunts ?

On calculera les ratios suivants :

(RP + DS)/investissements et (RP + DS)/(investissements + Δ BFRE)

RP/investissements et RP/(investissements + Δ BFRE)

avec : RP = ressources propres = CAF + augmentation de capital + subventions d'investissement – dividendes

DS = dettes stables = augmentation des emprunts – remboursement

La couverture des investissements par des emprunts, en grande partie, constitue un indicateur de risque de faillite.

☐ *Capacité de remboursement des emprunts.* Elle peut être évaluée par deux ratios :

Dettes financières stables/CAF disponible < durée des dettes financières stables.

CAF/remboursement > 1 (ou 2)

Si CAF < remboursement, cela signifie que l'entreprise doit recourir à des ressources externes pour rembourser ses dettes stables.

Analyse de Δ BFRE

Pour conserver l'essentiel, on neutralise Δ BFRHE et on réduit Δ BFR à Δ BFRE. On localise les causes de l'évolution de Δ BFRE en s'intéressant aux principales composantes : stocks, clients, fournisseurs, et on calcule des ratios de rotation. Par exemple, une augmentation du BFRE proviendra d'un gonflement des stocks (mévente ou achats spéculatifs), ou d'un allongement du crédit clients (mévente ou nouveaux clients), ou d'une réduction du crédit fournisseurs. Cette variation du BFRE est-elle conjoncturelle, c'est-à-dire liée à la variation de l'activité ? Ou bien cette variation est-elle liée à des modifications structurelles (activités nouvelles, suppression d'activités existantes) ?

Analyse de Δ TN

Puisqu'on néglige Δ BFRHE, le diagnostic porte sur la trésorerie théorique telle que :

Δ TN théorique = Δ FR fonctionnel – Δ BFRE

En particulier, les concours bancaires courants doivent être étudiés pour savoir si leur renouvellement est assuré ou non. Des concours bancaires courants non gagés sur des actifs d'exploitation, et pour lesquels le risque de non-renouvellement est grand, viennent augmenter le risque de faillite.

EXEMPLES

■ On donne pour trois entreprises E1, E2 et E3 les flux de ressources stables et d'emplois stables concernant un exercice déterminé.

Flux d'emplois stables	E1	E2	E3	Flux de ressources stables	E1	E2	E3
Dividendes distribués	200	600	–	CAF	1 000	500	200
Acquisition d'immobilisations :				Cessions d'éléments d'actif	100		
– corporelles	900	900	1 400	Augmentation de capital	700		700
– financières	700		400	Augmentation des dettes financières	200	1 500	1 100
Remboursement de dettes financières		300					
Δ FR fonctionnel (ressource nette)	200	200	200				
	2 000	2 000	2 000		2 000	2 000	2 000

– *E1*. La CAF, élément central, représente la moitié des ressources totales et les ressources propres s'élèvent à : 1 000 + 700 – 200 = 1 500, contre 200 de dettes stables. Les investissements nets de cessions valent 1 500.

• Financement de l'investissement : RP/investissements = 1 500/ 1 500 = 1

(RP + DS)/investissements = 1 700/1 500 = 1,133

La couverture des investissements par emprunts est faible, ce qui est très favorable.

• Capacité de remboursement des emprunts :

DS/CAF = 200/1 000 = 0,2 (très faible)

Globalement, l'évolution de la situation semble excellente.

– *E2*. La CAF ne suffit pas pour couvrir les dividendes et l'autofinancement (CAF – dividendes) est négatif. Les investissements sont financés en totalité par emprunts. Le ratio CAF/remboursement = 500/300 = 1,67 est à peine suffisant. L'entreprise s'est fortement endettée, accroissant ainsi le risque de faillite.

– *E3*. La CAF est très faible (10 % des ressources), il n'y a pas de dividendes distribués. L'entreprise est probablement dans une période de démarrage avec un important programme d'investissements financé par emprunts et ressources propres.

■ On complète les données précédentes par le tableau suivant indiquant les flux d'exploitation et de trésorerie pour les trois entreprises E1, E2, E3 (on néglige Δ BFRHE).

Flux d'emplois	E1	E2	E3	Flux de ressources	E1	E2	E3
Augmentation des stocks	400	600	400	Augmentation des fournisseurs	550	500	600
Augmentation des clients	300	400	500	Augmentation des concours bancaires courants		300	100
Augmentation des disponibilités	50						
	750	1 000	900		550	800	700

– *E1* Δ BFRE : 400 + 300 – 550 = 150 et Δ TN = 50

– *E2* Δ BFRE = 600 + 400 – 500 = 500 et Δ TN = – 300

– *E3* Δ BFRE = 400 + 500 – 600 = 300 et Δ TN = – 100

Seule l'évolution de E1 est favorable puisque la trésorerie s'accroît dans la période. E2 est dans la situation la plus risquée (concours bancaires renouvelables ?).

Le TPFF

Il existe différents modèles de TPFF (tableau pluri-annuel des flux financiers), qui ont reçu de nombreuses applications. Nous présentons les deux modèles de TPFF de G. de Murard (1er modèle p. 71 et second modèle p. 73). C'est avant tout un tableau de flux de fonds.

L'EBE est l'élément central du 1er modèle du TPFF (voir page ci-contre)

☐ Dans l'analyse fonctionnelle, la CAF est l'élément central. Priorité est donnée à l'étude des mouvements de trésorerie (importance des phénomènes de décalages entre opérations et flux de trésorerie), distinction flux de fonds et flux fictifs.
☐ Dans le TPFF, on reprend l'analyse en terme de valeur ajoutée puis d'EBE. Mais à partir de l'EBE, flux de fonds d'exploitation, on ne calcule pas la CAF et la classification des opérations est différente de celle retenue dans l'analyse fonctionnelle.

Solde E ou DAFIC (disponible après financement interne de la croissance)

☐ *Signification de l'ETE (Excédent de trésorerie d'exploitation)*
ETE = produits d'exploitation encaissés – charges d'exploitation décaissées
(1) ETE = (ventes – Δ créances d'exploitation) – (achats externes + impôts + salaires – Δ dettes d'exploitation)
☐ *N.B.* : On rappelle que : Δ X = X (au 31/12/N) – X (au 31/12/N–1)
☐ *Calcul de l'ETE à partir de l'EBE (voir 1er modèle p. 71)*
EBE = produits d'exploitation encaissables – charges d'exploitation décaissables
EBE = ventes – achats externes consommés – impôts – salaires
Sachant que : achats externes consommés = achats externes – Δ stocks, il vient :

(2) EBE = ventes – achats externes + Δ stocks – impôts – salaires

En comparant (1) et (2) on obtient :
ETE = EBE – Δ stocks – Δ créances d'exploitation + Δ dettes d'exploitation
soit : ETE = EBE – Δ BFRE
avec Δ BFRE = Δ stocks + Δ créances d'exploitation – Δ dettes d'exploitation
☐ *Calcul de l'ETE à partir de l'ESO (voir 2e modèle p. 73)*
L'ESO (excédent sur opérations) est un nouveau concept qui conduit à l'ETE sans calcul de la variation des stocks (Δ stocks)

(3) ESO = ventes – achats externes – impôts – salaires

En rapprochant (1) et (3), il vient :
ETE = ESO – Δ créances d'exploitation + Δ dettes d'exploitation
soit: ETE = ESO – Δ en-cours commercial
avec Δ en-cours commercial = Δ créances d'exploitation – Δ dettes d'exploitation.

Solde F (solde financier)

Si le solde E est négatif, il faut recourir à l'endettement net à long, moyen et court terme (y compris concours bancaires courants) qui, après couverture de l'impôt sur les bénéfices et de la participation, aboutit au solde F.

Solde G

Il s'agit du solde courant G = E + F. En dessous figurent les éléments hors exploitation, exceptionnels, hétérogènes, qui conduisent à la variation du disponible.

LE TPFF DE G. DE MURARD (1er MODÈLE)

Les chiffres correspondent au cas de la société RC pp. 58-59-61-63.

	N	N + 1	N + 2
Ventes de marchandises			
+ Production de l'exercice (y compris prod. stockée)	1 000		
TOTAL			
– Consommation intermédiaire (avec var. des stocks)	– 450		
= Valeur ajoutée	550		
– Impôts et taxes	– 120		
– Charges de personnel	– 395		
= EBE (p. 61)	35		
– Var. BFRE (p. 63)	– 11		
= ETE	24		
– Investissement d'exploitation (p. 63)	– 25		
= SOLDE E (solde économique ou DAFIC) (1)	– 1		
Variation de la dette financière (y compris concours bancaires courants) (p. 63)	– 16		
– Frais financiers et de crédit-bail (p. 61)	– 1		
– Impôt sur bénéfices (p. 61)	– 6		
– Participation des salariés			
= SOLDE F (solde financier)	– 23		
SOLDE COURANT G = E + F	– 24		
+ Produits financiers (p. 61)	3		
+ Cession d'immobilisations (p. 63)	8		
+ Réduction d'immobilisations financières (p. 63)	4		
– Var. BFRHE (p. 63)	+ 3		
– Investissements hors exploitation (VMP p. 63)	– 3		
± Autres produits et charges hors exploitation et exceptionnels			
– Dividendes distribués (p. 63)	– 8		
+ Augmentation de capital (p. 63)	20		
= VARIATION DU DISPONIBLE (2)	3		

1. DAFIC = disponible après financement interne de la croissance.
2. Ne comprend que la variation des disponibilités, non celle des concours bancaires courants.

Le solde E, ou DAFIC, regroupe toutes les opérations concernant l'exploitation.
Le concept d'ETE (excédent de trésorerie d'exploitation), qui apparaît dans le calcul du DAFIC, est un flux de trésorerie effectif permettant de financer les investissements d'exploitation. Dans le premier modèle, l'ETE est calculé à partir de l'EBE, dans le second modèle (p. 73) à partir de l'ESO.

Interprétation du TPFF

On distingue dans l'entreprise trois catégories d'opérations : les opérations de production conduisant au solde économique E (DAFIC), les opérations de financement par endettement aboutissant au solde financier F, les opérations résiduelles, autres, qui, avec E + F, donnent la variation du disponible.

Un modèle de croissance équilibrée donnant la primauté à l'activité industrielle

□ Les objectifs de la stratégie de l'entreprise sont les suivants :
– un solde économique E (DAFIC) légèrement positif, pour une croissance équilibrée,
– un solde financier F légèrement négatif, pour un endettement équilibré,
– un solde courant G = E + F voisin de zéro.

□ L'essentiel est que E doit être légèrement positif, ce qui implique que le niveau de l'EBE, élément central de la construction, constitue une limite maximale pour l'investissement productif (Δ BFRE + investissements d'exploitation). Ainsi, les calculs de rentabilité n'interviennent pas pour fixer le montant de l'investissement : on pourra investir dans des projets non rentables si l'EBE est élevé. S'il est faible, on devra refuser des projets rentables. Autrement dit, l'endettement ne sert pas à financer l'investissement ; on l'utilise uniquement pour rembourser les dettes anciennes, payer les frais financiers et l'impôt sur les bénéfices. La considération du couple rentabilité/risque est ignorée. On a abandonné le concept de CAF, trésorerie potentielle concernant toutes les opérations de l'entreprise, au profit de la notion d'EBE, trésorerie potentielle fournie par les opérations d'exploitation, et de la notion d'ETE, flux effectif de trésorerie lié à l'exploitation.

L'utilisation du modèle pour l'analyse du déséquilibre financier

L'auteur du modèle propose une typologie du déséquilibre financier en fonction du montant des soldes E, F, G.

□ Si G = E + F > 0, il y a création de liquidité et l'entreprise dispose ainsi d'une masse de monnaie pour payer les dividendes (E > 0), acquérir des participations, diversifier ses activités, donc développer sa croissance.

□ Si G = E + F < 0, il faudrait combler ce déficit de liquidité soit par le désinvestissement, soit par l'augmentation de capital. En particulier, si E < 0 durablement et F < 0, il s'agit d'une situation de crise qui conduit à une politique de restructuration. Bien entendu, l'existence de revenus financiers importants (société holding) viendrait contredire le jugement précédent, ce qui montre les limites du modèle.

□ Si G = E + F = 0, deux cas sont à considérer :
– E > 0 et F < 0 : l'entreprise pourrait accroître ses possibilités de croissance en s'endettant plus ; elle est trop conservatrice ;
– E < 0 et F > 0 : il y a rentabilité insuffisante de l'outil de production et l'entreprise s'endette pour combler le déficit, avec un phénomène de fuite en avant si E < 0 durablement.

LE TPFF DE G. DE MURARD (SECOND MODÈLE)

	N	N + 1	N + 2
Ventes – Achats et autres charges externes (305 + 150) (p. 63) – Impôts et taxes – Charges de personnel = ESO (excédent sur opérations) – Var. en-cours commercial (4 + 3 – 1) (p. 63) = ETE – Investissements d'exploitation = SOLDE E (solde économique ou DAFIC)	1 000 – 455 – 120 – 395 30 – 6 24 – 25 – 1		
La suite est identique au premier modèle, avec une particularité : dans le calcul du solde F, on ajoute le gain monétaire résultant de l'inflation. Le gain monétaire est le produit de la dette financière moyenne au cours de l'exercice par le taux moyen de l'inflation au cours du même exercice. En période d'inflation, les frais financiers se trouvent ainsi diminués du gain monétaire correspondant.			

L'ESO diffère de l'EBE du montant des variations de stocks :
ESO = EBE – Δ stocks avec Δ stocks = Sf – Si
Avec EBE = 35 (p. 71) et Δ stocks = 5 (p. 63), on obtient : ESO = 35 – 5 = 30
Quel est l'intérêt de calculer l'ETE à partir de l'ESO ? On élimine ainsi, dans le calcul, la prise en compte de la variation des stocks, et donc des problèmes d'évaluation (FIFO, LIFO, frais accessoires d'achats indirects, etc.). De plus, il n'est pas nécessaire d'avoir réalisé l'inventaire pour construire le TPFF. Ainsi, l'ETE peut être aisément calculé dans les PME sans une organisation comptable complexe, et il représente pour celles-ci une information financière fondamentale. Sa mesure mensuelle permet de déceler les difficultés de trésorerie et d'y apporter remède.

■ Autres tableaux de flux financiers

– Le modèle FITREX (Flux interne de trésorerie d'exploitation) de GUILLOU :
La CAF, qui est un flux de trésorerie potentiel, est absorbée en grande partie dans le financement de Δ BFRE et constitue un mauvais critère de diagnostic du risque de faillite. Pour évaluer la capacité de remboursement de l'entreprise, GUILLOU retient l'ETE et non la CAF. Le montant de l'ETE doit couvrir, au minimum, les charges financières, seule contrainte réelle : ETE > charges financières. Les remboursements sont assurés par de nouveaux crédits.

– Le tableau de flux de trésorerie de la Centrale des bilans de la Banque de France et le tableau de flux de l'OECCA : voir pp. 74, 75, 76, 77.

L'abondance des tableaux de flux, avec des contenus différents, ne traduit-elle pas l'insuffisance des bases théoriques sur lesquelles ils reposent ?

Le tableau des flux de trésorerie (1)

Les flux de trésorerie sont les sommations des flux de liquidités apparus dans l'exercice (p. 20). Les flux de trésorerie représentent les flux les plus aptes à appréhender le risque de faillite.

Relation entre flux de trésorerie et flux de fonds

On a vu (p. 21) :	ventes encaissées en N	= ventes N – Δ clients
	achats décaissés en N	= achats N – Δ fournisseurs
D'une manière générale :	flux de trésorerie	= flux de fonds – décalages

Concepts fondamentaux liés à la trésorerie

Flux de trésorerie	=	Flux de fonds	–	Décalages
ETE	=	EBE	–	Δ BFRE
ETE	=	ESO	–	Δ en-cours commercial
ETOG (1)	=	CAF	–	Δ BFR

(1) ETOG = excédent de trésorerie sur opérations de gestion = partie liquide de la CAF.

Structure des tableaux de flux de trésorerie

L'objectif est de montrer comment les différentes opérations de l'entreprise engendrent ou nécessitent de la trésorerie. On distingue souvent les opérations d'exploitation (comprise dans un sens plus ou moins large), les opérations d'investissement et les opérations de financement. Généralement, les tableaux présentés par les différents organismes bouclent sur la variation de la trésorerie Δ T telle que : Δ T = T (au 31/12/N) – T (au 31/12/N – 1). (On se reportera au modèle de la page 23). On peut aussi séparer les flux de trésorerie liés aux opérations sur actifs et les flux de trésorerie associés aux opérations de financement (fonds propres, dettes financières). Deux modèles doivent être connus :

– le tableau de la Centrale des bilans de la Banque de France (voir p. 75),
– le tableau de l'Ordre des experts-comptables et comptables agréés (OECCA) (voir pp. 76 et 77).

Le tableau de flux de trésorerie de la Centrale des bilans de la Banque de France (1987) (voir p. 75)

☐ *A : Excédent de trésorerie globale.* Il traduit l'aptitude de l'entreprise à engendrer de la trésorerie grâce à sa seule activité.

☐ *B : Flux de trésorerie disponible.* Il peut être affecté à la croissance de l'entreprise après prélèvements libératoires, qui dépendent des choix antérieurs des dirigeants et des contraintes fiscales. S'il est négatif durablement, il y a vulnérabilité de l'entreprise et nécessité de faire appel aux actionnaires.

☐ Le bas du tableau montre les choix de l'entreprise en matière d'investissement (C) et de financement (D) : augmentation de capital, comptes d'associés, emprunts.

☐ La notion de trésorerie retenue comprend les disponibilités moins les concours bancaires courants.

EXEMPLES

■ Le tableau de flux de trésorerie de la Centrale des bilans de la Banque de France (1987)

Chiffres du cas société RC, pp. 58, 59, 61, 63	N	N + 1	N + 2
Excédent brut global (p. 61) CAF + intérêts + impôt/bénéfice			
= 31 + 1 + 6	38		
– Var. BFR (p. 63)	– 8		
A = Excédent de trésorerie globale	30		
– Intérêts (p. 61)	– 1		
– Impôt sur les bénéfices (p. 61)	– 6		
– Distributions mises en paiement au cours de l'exercice (p. 63)	– 8		
– Remboursements (p. 63)	– 16		
Obligations			
Emprunts bancaires			
Autres emprunts			
B = Flux de trésorerie disponible			
(après prélèvements obligatoires)	– 1		
Investissements productifs (p. 63)	25		
– Subventions d'investissement reçues			
+ Acquisitions de participations et titres immobilisés			
+ Variation des autres actifs immobilisés, hors exploitation	– 1 (a)		
– Cessions d'immobilisations (p. 63)	– 8		
C = Investissements nets	16		
Augmentation ou réduction de capital	20		
+ Variation de groupe et associés (dans dettes financières)			
+ Nouveaux emprunts	0		
Obligations			
Emprunts bancaires			
Autres emprunts			
D = Apports en ressources stables	20		
E = VARIATION DE LA TRÉSORERIE = (B + D) – C	3		
= Variation des disponibilités	3		
– Variation des crédits bancaires courants	0		

(a) prêts = – 4 + VMP = 3

■ Le tableau de flux de trésorerie selon la norme IAS 7

L'IASC (International Accounting Standards Committee) a promulgé la norme révisée IAS 7 « Cash Flow Statements » (1992), qui oblige les entreprises, dès le 01/01/94, à établir un tableau de flux de trésorerie ainsi :

• *Trésorerie A provenant des opérations d'exploitation (E = exploitation) :*
A = encaissements d'E – décaissements d'E – intérêts et impôt/bénéfices payés

• *Trésorerie B affectée aux opérations d'investissement :*
B = – acquisitions d'immob. payées + cessions d'immob. encaissées + intérêts et dividendes reçus

• *Trésorerie C provenant des opérations de financement :*
C = augmentations de capital et emprunts encaissés – remboursements d'emprunts – dividendes versés

• *Variation de trésorerie* : A + B + C = liquidités + quasi-liquidités – concours bancaires courants

Le tableau des flux de trésorerie (2)

Le tableau d'analyse de la variation de trésorerie de l'OECCA (octobre 1988) est inspiré du tableau américain recommandé en 1987 par le Financial Accounting Standards Board (FASB).

Structure du tableau de l'OECCA (Ordre des experts-comptables et comptables agréés)

Ce tableau est présenté ci-contre (p. 77). On y distingue les opérations d'exploitation, les opérations d'investissement et les opérations de financement. Comme le précédent, le tableau boucle sur la variation de la trésorerie.

□ *Une conception très large des opérations d'exploitation* : le flux de trésorerie d'exploitation est, au sens strict, l'ETE, c'est-à-dire la différence entre EBE et Δ BFRE. Or ici on retient tous les produits encaissables, y compris les produits financiers, et toutes les charges décaissables, y compris les intérêts sur emprunts, qui concernent le financement de l'entreprise. En réalité, le flux de trésorerie provenant de l'exploitation (A) est lié à l'activité et il correspond à peu près à la partie liquide de la CAF, c'est-à-dire : CAF – Δ BFR. On a voulu imiter la présentation américaine du FASB (norme n° 95) et c'est regrettable.

□ *Une conception large des opérations d'investissement* : on a porté dans les opérations d'investissement non seulement les acquisitions et les cessions d'immobilisations corporelles et incorporelles mais aussi les investissements et les désinvestissements financiers (y compris les prêts et remboursements de prêts), pour traduire l'effort global d'investissement. Il est à noter que le flux de trésorerie B peut englober la part en capital des redevances de crédit-bail.

□ *Une conception restrictive des opérations de financement* : on aurait pu intégrer dans les opérations de financement le coût de la dette, c'est-à-dire les charges d'intérêt. On a préféré les porter dans l'exploitation, qui reçoit également les frais financiers relatifs au crédit-bail.

□ *Une notion élargie de trésorerie*. Elle comprend : les disponibilités, les VMP, moins les concours bancaires courants (y compris pour ces derniers les EENE, les créances cédées et même les obligations cautionnées, qui sont des dettes fiscales).

Interprétation du tableau

Normalement A est positif et B négatif (dépenses d'investissement). Tout dépend de A + B.

□ *A + B > 0*. L'entreprise n'a pas besoin de capitaux extérieurs. Elle peut même rembourser ses dettes. Mais B est-il suffisant pour maintenir la croissance notamment ?

□ *A + B = 0*. L'entreprise finance seule ses investissements. Il faut cependant analyser A et B et en suivre l'évolution.

□ *A + B < 0*. L'entreprise est vulnérable, en particulier si la négativité de A + B est durable, structurelle, croissante.

Dans tous les cas, d'autres analyses sont nécessaires pour éviter des erreurs de jugement.

EXEMPLES

Le tableau de flux de trésorerie de l'OECCA (1988)

Chiffres du cas société RC, pp. 58, 59, 61, 63	N	N + 1	N + 2
Opérations d'exploitation (au sens très large)			
EBE	35		
+ Autres produits encaissables } financiers, exceptionnels,	3		
– Autres charges décaissables } sauf cessions	– 1		
– Participation			
– Impôt sur les bénéfices	– 6		
– Var. BFR (sauf créances et dettes sur immob.)	– 9		
= Flux de trésorerie provenant de l'exploitation (A)	22		
Opérations d'investissement			
– Acquisitions d'immobilisations corporelles et incorporelles	– 25		
+ Cessions d'immobilisations corporelles et incorporelles	8		
– Acquisitions d'immobilisations financières	0		
+ Cessions d'immobilisations financières (remb. de prêts)	4		
+ Var. dettes sur immobilisations	1		
= Flux de trésorerie provenant des opérations d'investissement (B)	– 12		
Opérations de financement			
Augmentation de capital	20		
– Dividendes versés aux actionnaires	– 8		
+ Nouveaux emprunts	0		
– Remboursement d'emprunts	– 16		
+ Avances reçues des tiers			
= Flux de trésorerie provenant du financement (C)	– 4		
Variation de la trésorerie (A + B + C) (Δ VMP + Δ disponible)	6		
Trésorerie à l'ouverture (D)	18		
Trésorerie à la clôture = A + B + C + D	24		

Le tableau de flux de trésorerie selon la norme américaine SFAS 95

En 1987, le FASB (Financial Accounting Standards Board) émet la norme 95 (Statement of Cash Flows) et rend obligatoire, dès 1988, la présentation du tableau décrit dans la norme.

– *Flux de trésorerie issus des activités d'exploitation :* encaissements clients, dividendes – décaissements fournisseurs, personnel, autres frais d'exploitation, frais financiers et impôt/bénéfices

– *Flux de trésorerie issus des activités d'investissement :* cessions d'immobilisations encaissées – acquisitions d'immobilisations payées

– *Flux de trésorerie issus des activités de financement :* encaissements et décaissements sur capitaux propres, dettes à long et moyen terme, dettes financières à court terme - dividendes versés

– *Variation de trésorerie* = liquidités + quasi-liquidités (= placements financiers à CT)

Prévention des difficultés des entreprises

La loi du 1er mars 1984 et son décret d'application du 1er mars 1985 concernent la prévention et le règlement amiable des difficultés des entreprises.

Les mesures préventives

La loi du 1er mars 1984 impose l'obligation d'établir de nouveaux documents et met sur pied une procédure d'alerte afin de lutter contre les défaillances d'entreprises.

☐ *Établissement de documents.* Ils sont au nombre de quatre (les deux premiers rétrospectifs) :
– une situation de l'actif réalisable et disponible et du passif exigible (semestrielle),
– un tableau de financement (annuel) avec le bilan annuel,
– un compte de résultat prévisionnel (annuel),
– un plan de financement prévisionnel (annuel).

Ces documents doivent être analysés dans des rapports écrits et diffusés auprès du commissaire aux comptes, du comité d'entreprise et du conseil de surveillance. La loi du 1er mars 1984 et son décret d'application ne précisent pas le contenu des documents. Il n'y a pas de modèles de documents annexés au décret. Il faut se référer aux textes qui régissent la comptabilité. On étudie ci-contre (p. 79) le premier document cité plus haut.

☐ *Procédure d'alerte.* Elle intervient lorsque les documents montrent la vulnérabilité de l'entreprise. La procédure d'alerte est déclenchée par le commissaire aux comptes qui demande par courrier des explications aux dirigeants. Ces derniers ont quinze jours pour répondre, et le commissaire aux comptes, après réunion de l'assemblée générale des associés, devra informer le président du tribunal de commerce. Le président pourra convoquer les dirigeants et s'informer de la situation auprès du personnel, des administrations, etc.

Le règlement amiable

Sans être en état de cessation de paiement, l'entreprise ne peut assurer le financement futur de ses besoins. La procédure est alors la suivante :

☐ Le responsable de l'entreprise adresse une demande écrite de règlement amiable au président du tribunal de commerce.

☐ Ce dernier, après s'être informé sur la situation de l'entreprise, rejette la demande ou l'accepte. En cas d'acceptation, il y a nomination d'un conciliateur et conclusion d'un accord amiable entre l'entreprise et ses principaux créanciers. Si l'accord n'est pas respecté par l'entreprise, il y a résolution de celui-ci, déchéance de tout délai de paiement accordé, mais cela n'entraîne pas automatiquement l'ouverture d'un redressement judiciaire.

Les procédures judiciaires

La loi du 25 janvier 1985 est relative au plan de redressement et à la liquidation judiciaires. La loi du 10 juin 1994 vient modifier la législation existante (voir p. 79).

ILLUSTRATIONS

La situation de l'actif réalisable et disponible et du passif exigible

Il n'existe aucun modèle de document et des interprétations différentes ont été avancées concernant le contenu de l'actif réalisable et disponible et du passif exigible.

– Si l'on se réfère au *Guide pratique d'élaboration des nouveaux documents comptables* réalisé par l'OECCA et le CNPF, on ne retient que les éléments « à un an au plus » : « Les éléments constitutifs de l'actif réalisable et disponible sont les créances et comptes assimilés, en valeur nette, lorsque l'échéance n'est pas supérieure à un an. Ceux du passif exigible sont les dettes et comptes assimilés lorsque l'échéance n'est pas supérieure à un an » (*Guide*, p. 13).

Actif réalisable et disponible et passif exigible = créances et dettes ≤ 1 an

Un modèle de situation est fourni dans le *Guide pratique de l'OECCA* (p. 14).

– La Compagnie nationale des commissaires aux comptes recommande également l'adoption d'un document dont le contenu est très proche du modèle précédent.

– Le décret d'application de la loi précise que la situation de l'actif réalisable et disponible et du passif exigible doit faire apparaître la situation de trésorerie de l'entreprise.
Aucune définition n'en est donnée par les textes. On peut retenir la situation suivante dans laquelle on notera que l'on inclut à juste titre les valeurs mobilières de placement et les effets escomptés non échus :

Situation de trésorerie à la date du ......

Valeurs mobilières de placement
\+ Disponibilités
– Concours bancaires courants
– EENE
– Créances cédées (loi Dailly)
– Obligations cautionnées*

* Le fisc admet que certains droits et taxes (TVA, droits de douane, droits indirects sur les boissons, etc.) puissent être payés à terme au moyen de billets souscrits par les redevables, au lieu d'être payés au comptant.
Ces billets sont appelés « obligations cautionnées » parce qu'ils doivent être garantis par un tiers ; ils ont une durée de 2, 3 ou 4 mois. La caution est généralement donnée par un banquier ou un organisme de caution mutuelle.

Le plan de redressement

La procédure du règlement judiciaire peut être ouverte en cas de non-respect d'un accord amiable, ou quand l'entreprise est en état de cessation de paiement, ce qui se traduit par l'impossibilité de faire face au passif exigible avec l'actif disponible. Le tribunal décide soit un plan de redressement, soit, directement, la liquidation. Le plan de redressement peut préconiser, justifications à l'appui, l'une des trois solutions suivantes : continuation, continuation avec cession partielle, ou cession de l'entreprise. La loi du 10/06/94 donne une place plus importante aux créanciers dans les procédures (redressement, liquidation), grâce à la nomination obligatoire de contrôleurs choisis parmi eux. Le nombre maximum de ces contrôleurs passe de deux à cinq. Certaines dispositions de la loi nouvelle ne concernent que la liquidation judiciaire ; elles visent à simplifier la procédure, à moraliser les cessions et à améliorer le règlement des créanciers.

La méthode des scores

Le risque de défaillance est inscrit dans les comptes plusieurs années avant la date de cessation des paiements. On a cherché à le détecter par des méthodes statistiques ; la méthode la plus utilisée est l'analyse discriminante qui conduit à la détermination d'une fonction score Z.

Détermination de la fonction score

□ On dispose d'un échantillon d'entreprises comprenant deux groupes : des entreprises saines et des entreprises défaillantes. On fait choix d'une batterie de ratios (cinq ratios, huit ratios, etc.) et il s'agit de déterminer la meilleure combinaison linéaire de ces ratios permettant de différencier les deux groupes d'entreprises. Cette combinaison linéaire, ou fonction linéaire, est désignée par « fonction score Z » ou « score Z ».

□ Le score Z s'exprime par la forme linéaire suivante :

$$Z = a_1R_1 + a_2R_2 + a_3R_3 + ... + a_nR_n$$

a_1, a_2, a_3, ... étant des coefficients numériques déterminés par l'analyse discriminante et R_1, R_2, R_3, ... les différents ratios introduits dans l'analyse.

□ On a calculé pour chaque entreprise de l'échantillon le score Z, ce qui permet d'étudier la distribution des différents scores, le groupe des entreprises défaillantes ayant les scores les plus faibles et le groupe des entreprises saines les scores les plus élevés, comme le montre le schéma ci-dessous :

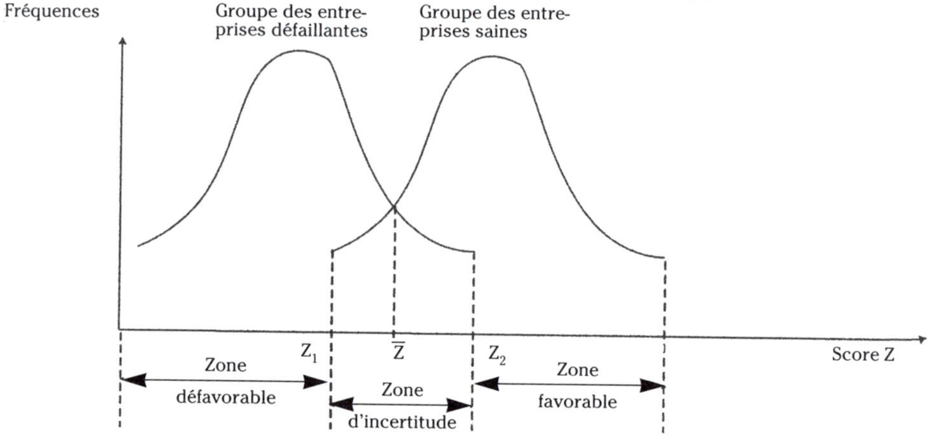

Utilisation de la fonction score

Soit une entreprise dont on veut déterminer le risque de défaillance. On calcule Z pour cette entreprise. En fonction du résultat obtenu, on peut l'affecter, soit dans le groupe des entreprises saines, soit dans le groupe des entreprises défaillantes. Il y a une possibilité d'erreur en raison de la zone d'incertitude et on doit se contenter de dire :

– lorsque $Z < Z_1$, l'entreprise est en difficulté,
– lorsque $Z_1 < Z < Z_2$, la situation est incertaine,
– lorsque $Z > Z_2$, l'entreprise a de fortes chances d'être saine.

LA FONCTION Z

Les fonctions « SCORE » les plus connues sont les suivantes : BEAVER (USA, 1966), ALTMANN (USA, 1968), CESA (France, 1974), COLLONGUES (France, 1976), CONAN et HOLDER (France, 1978), Banque de France (1983), HOLDER (France, 1984). Nous présentons la méthode des scores de la Banque de France (1983).

La fonction SCORE de la Banque de France (huit ratios) de 1983

$$Z = -\,1{,}255\,R_1 + 2{,}003\,R_2 - 0{,}824\,R_3 + 5{,}221\,R_4 - 0{,}689\,R_5 - 1{,}164\,R_6 + 0{,}706\,R_7 + 1{,}408\,R_8 - 0{,}856.$$

avec :

R_1 = frais financiers/excédent brut global, avec excédent brut global = voir p. 75.

R_2 = ressources durables/capitaux investis, avec capitaux investis = emplois stables bruts + BFRE

R_3 = capacité d'autofinancement/endettement global, avec endettement global = dettes financières.

R_4 = excédent brut global/CAHT, avec CAHT = chiffre d'affaires hors taxes

R_5 = (dettes commerciales/achats TTC) x 360

R_6 = (VA CDB(n) − VA CDB (n − 1)/ VA CDB (n − 1), avec VA CDB (n) = valeur ajoutée Centrale des bilans au coût des facteurs (de l'année n) (voir p. 47)

R_7 = (créances clients + EENE/CATTC) x 360, avec EENE = effets escomptés non échus

R_8 = investissement productif/VA CDB, avec investissement productif = achats d'immobilisations corporelles d'exploitation + immobilisations en crédit-bail.

Les cinq premiers ratios, les plus importants, traduisent les difficultés des entreprises qui apparaissent à la suite :

- d'une insuffisante rentabilité (excédent brut global faible)
- d'un endettement excessif (frais financiers élevés)
- de l'allongement du crédit fournisseurs (R_5).

Le calcul de Z pour une entreprise déterminée conduit à l'interprétation suivante :

Valeur de Z	− 1,875	− 0,875	− 0,25	− 0,125	0,625	1,25	
Probabilité d'être en difficulté	100 %	95,6 %	73,6 %	46,9 %	33,4 %	17,7 %	9,5 %
		situation risquée		zone d'incertitude		situation normale	

Limites de la méthode des scores

La méthode est un enrichissement de l'analyse traditionnelle par ratios, mais elle doit être utilisée avec la plus grande prudence, en raison de ses insuffisances.

– *Insuffisances liées à l'échantillon*

Sa taille est-elle suffisante ? Les données sont-elles précises et homogènes ?

– *Insuffisances dues à la formule utilisée*

Combien de temps est-elle valable ? Est-elle applicable à tous les secteurs économiques ? Les ratios sont-ils pertinents ? etc.

Gestion et planification financières

Les pages précédentes étaient consacrées à l'analyse financière qui constitue la première partie de cet ouvrage. La deuxième partie concerne essentiellement la gestion financière.

Rappel sur l'analyse financière (voir p. 24)

L'analyse financière présente un ensemble de concepts, de méthodes, permettant à partir de l'information comptable et financière rétrospective de comprendre les mécanismes de fonctionnement de l'entreprise, de formation de sa rentabilité, dans un contexte de risque, et de connaître sa situation et son évolution.

La gestion financière

☐ Elle s'intéresse aux décisions financières qui sont fondées sur des prévisions. Elle regroupe l'ensemble des décisions prises dans l'accomplissement de la fonction financière de l'entreprise, c'est-à-dire :
– d'une part, dans l'allocation des ressources, leur affectation à des emplois
– d'autre part, dans la recherche, la collecte des ressources.

☐ On distingue traditionnellement la gestion financière à long terme (LT), qui se préoccupe de l'allocation et de la recherche des ressources stables, et la gestion financière à court terme (CT), qui s'intéresse aux actifs circulants et aux modalités de leur financement à court terme.

☐ La gestion financière à LT fait appel aux calculs avec intérêts composés (voir page ci-contre).

GESTION FINANCIÈRE
- à long terme (LT)
  - Décisions d'investissement (emplois stables)
  - Décisions de financement à long et moyen terme (LMT) (ressources stables)
- à court terme (CT)
  - Décisions courantes concernant les actifs circulants
  - Décisions courantes concernant les sources de financement à court terme (CT)

La planification financière

☐ Elle consiste à évaluer les conséquences monétaires de tous les choix de l'entreprise, notamment les choix stratégiques, dans le cadre du plan global défini par les dirigeants.

☐ On distingue la planification financière à long terme (5 ans) et la planification financière à court terme (1 an). La première détermine la nature et la structure des investissements et de leur financement (fonds propres, emprunts), et conduit à l'établissement du plan de financement ; la seconde réalise les ajustements nécessaires dans un cadre annuel, ou infra-annuel, et aboutit au plan de trésorerie.

INTÉRÊTS COMPOSÉS : FORMULES DE BASE

Définition des intérêts composés

Un taux d'intérêt de 10 % annuel signifie qu'un capital de 100 F placé pendant un an rapporte un revenu de 10 F. Il est commode de considérer un capital de 1 F qui rapporte un revenu de 0,10 F à la fin de la première année.

On dit qu'un placement est fait à intérêts composés lorsque le revenu obtenu s'ajoute au capital pour porter intérêt à son tour. Au début de la 2e année, le capital placé devient 1 F + 0,10 F = 1,10 F et il rapporte un revenu de 1,10 x 10 % = 1,10 x 0,10 F pendant la deuxième année. En capitalisant le revenu ainsi obtenu à la fin de la 2e année, on obtient : $1{,}10 + 1{,}10 \times 0{,}10 = (1{,}10)^2$.

En remplaçant 0,10 par un taux i pour 1 F, on voit que 1 F, placé à l'époque 0, devient $(1 + i)$ F à l'époque 1, $(1 + i)^2$ F à l'époque 2, ..., $(1 + i)^n$ F à l'époque n.

Valeur acquise

Si Vo est le capital placé à l'époque 0, la valeur acquise à intérêts composés à l'époque n est Vn telle que :

$$V_n = V_0 (1 + i)^n$$

Exemple : valeur acquise par 1 000 F au bout de 10 ans au taux annuel de 5 % :

$$V_{10} = 1\,000 \times (1 + 0{,}05)^{10} = 1\,000\,(1{,}05)^{10} = 1\,629 \text{ F}$$

On dira que 1 000 F aujourd'hui (époque 0) sont équivalents à 1 629 F dans 10 ans, au taux annuel de 5 %. L'opération est une capitalisation.

Valeur actuelle

Au lieu de transformer les valeurs d'aujourd'hui en valeurs équivalentes futures, comme ci-dessus, on peut faire l'inverse : ramener une somme future à une somme équivalente aujourd'hui. Dans ce dernier cas, l'opération est une actualisation ; on détermine la valeur actuelle d'une somme future :

1 F aujourd'hui est équivalent à $(1 + i)^n$ F dans n années ;

donc 1 F dans n années est équivalent à $\dfrac{1}{(1 + i)^n}$ F aujourd'hui.

Vn F dans n années sont équivalents à : $\dfrac{V_n}{(1 + i)^n}$ F aujourd'hui, soit V_o.

$$Vo = \frac{Vn}{(1 + i)^n} = Vn\,(1 + i)^{-n}$$

Exemple : valeur actuelle de 5 000 F disponible dans 8 ans à 6 % annuel :

$$V_o = 5\,000/(1{,}06)^8 = 5\,000 \times (1{,}06)^{-8} = 3\,137 \text{ F}$$

En résumé

$V_0 (1 + i)^n$ est la valeur acquise par V_0 (n périodes, taux i).

$Vn\,(1 + i)^{-n}$ est la valeur actuelle, ou la valeur actualisée, de V_n (n périodes, taux i).

Calculs financiers

L'étude de la gestion financière à long terme nécessite la connaissance des calculs financiers relatifs aux opérations d'investissement et de financement à long et moyen terme. Ces calculs se rattachent généralement à la méthode de l'actualisation.

Valeur acquise d'une suite d'annuités $a_1, a_2, ..., a_n$ (de fin de période)

$$V_n = a_1 (1 + i)^{n-1} + a_2 (1 + i)^{n-2} + ... + a_n$$

Cas particulier : annuités constantes toutes égales à a :

$$V_n = a \, . \, \frac{(1 + i)^n - 1}{i}$$

Valeur actuelle d'une suite d'annuités $a_1, a_2, ..., a_n$ (de fin de période)

$$V_0 = a_1 (1 + i)^{-1} + a_2 (1 + i)^{-2} + ... + a_n (1 + i)^{-n}$$

Cas particulier : annuités constantes toutes égales à a :

$$V_0 = a \, . \, \frac{1 - (1 + i)^{-n}}{i}$$

Équivalence de capitaux

☐ Deux capitaux sont équivalents s'ils ont même valeur actuelle (au même taux d'actualisation i). À intérêts composés, l'équivalence peut être vérifiée à n'importe quelle autre date.

☐ Exemple : les capitaux C_p et C_{p+h} sont équivalents si les valeurs actuelles sont égales :

$$C_p (1 + i)^{-p} = C_{p+h} (1 + i)^{-(p+h)}$$

En multipliant les deux membres par $(1 + i)^p$, l'équivalence est vérifiée à la date p quelconque :

$$C_p = C_{p+h} (1 + i)^{-h}$$

Taux proportionnels, taux équivalents

☐ *Taux équivalents*

Deux taux sont équivalents quand, appliqués au même capital pendant la même durée, ils donnent la même valeur acquise.

☐ *Exemple* : le taux annuel 12 % et le taux trimestriel 2,87 % sont équivalents car, au bout d'une année, pour un capital placé de 1 F, on obtient :

$$(1 + 0{,}0287)^4 = 1{,}12$$

☐ *Taux proportionnels*

Deux taux sont proportionnels quand leur rapport est égal au rapport des périodes auxquelles ils s'appliquent.

☐ *Exemple* : le taux annuel 12 % et le taux trimestriel 3 % sont proportionnels car :

$$\frac{12\,\%}{3\,\%} = \frac{12 \text{ mois}}{3 \text{ mois}}$$

EXEMPLES

■ Un capital de 1 000 F est placé au taux annuel de 8 %. Calculez sa valeur acquise a) au bout de 5 ans, b) au bout de 5 ans et 7 mois.

$$a)\ V_5 = 1\,000\,(1{,}08)^5 = 1\,469\text{ F}$$

$$b)\ V_{5\frac{7}{12}} = 1\,000\,(1{,}08)^{5+\frac{7}{12}} = 1\,537\text{ F}$$

■ Un capital de 5 000 F est disponible dans 3 ans. Calculez sa valeur actuelle au taux annuel de 6 %.

$$V_0 = 5\,000\,(1{,}06)^{-3} = 4\,198\text{ F}$$

■ On place 2 000 F à intérêts composés, au taux i, au début de l'année 1 et on retire successivement 500 F, 700 F et le solde 1 005 F au début des années 2, 3, 4. Quel est le taux du placement ?

On écrit que la valeur actuelle des retraits au taux i est égale au montant du placement :

$$500\,(1 + i)^{-1} + 700\,(1 + i)^{-2} + 1\,005\,(1 + i)^{-3} = 2\,000$$

$$f(i) = 5\,(1 + i)^{-1} + 7\,(1 + i)^{-2} + 10{,}05\,(1 + i)^{-3} - 20 = 0$$

Les calculs donnent : f(4 %) = 0,214 et f(5 %) = – 0,207

Lorsque le taux augmente de 1 % (4 % à 5 %), la valeur f(i) diminue de : 0,214 – (– 0,207) = 0,421

$$i = 4\,\% + 1\,\%\ \text{x}\ \frac{0{,}214}{0{,}421} = 4{,}5\,\%$$

■ On donne : dépense d'investissement à l'époque 0 : 100 ; recettes engendrées par l'investissement : 50 à l'époque 1, 50 à l'époque 2, 50 à l'époque 3, 50 à l'époque 4. Quelle est la valeur actuelle des recettes ? Quelle est la valeur actuelle nette, c'est-à-dire la valeur actuelle des recettes moins celle des dépenses ? (taux 10 % par période).

Valeur actuelle des recettes $= 50\,(1{,}1)^{-1} + 50\,(1{,}1)^{-2} + 50\,(1{,}1)^{-3} + 50\,(1{,}1)^{-4}$

$$= 50\,.\frac{1 - (1{,}1)^{-4}}{0{,}1} = 158{,}5$$

Valeur actuelle nette = 158,5 – 100 = 58,5

■ On donne : dépenses successives de 50 à l'époque 0, de 50 à l'époque 1, de 50 à l'époque 2, de 50 à l'époque 4 ; recette de 250 à l'époque 3. Calculez la valeur actuelle des dépenses, puis la valeur actuelle nette à 10 %.

Valeur actuelle des dépenses $= 50 + 50\,(1{,}1)^{-1} + 50\,(1{,}1)^{-2} + 50\,(1{,}1)^{-4} = 170{,}9$

Valeur actuelle nette $= 250\,(1{,}1)^{-3} - 170{,}9 = 16{,}9$

■ Est-il préférable d'avoir 100 000 F aujourd'hui, ou 200 000 F dans 5 ans (taux d'intérêt annuel : 15 %) ?

Meilleure solution : 100 000 F aujourd'hui, car : $100\,000 \times (1{,}15)^5 = 201\,135$ F

La règle de la VAN

En matière de choix d'investissement, la règle de référence est la valeur actuelle nette (VAN). Elle est préférable aux autres critères traditionnels. L'actualisation permet de transformer des francs de différentes époques en francs de l'époque 0 ; les flux peuvent ainsi être ajoutés et comparés à l'investissement.

Définition de la valeur actuelle nette (VAN)

La VAN est égale à la différence entre, d'une part, les flux de trésorerie actualisés engendrés par l'investissement et, d'autre part, le montant de l'investissement.

$$\text{VAN d'un projet} = \frac{a_1}{1 + k} + \frac{a_2}{(1 + k)^2} + \ldots\ldots\ldots\ldots + \frac{a_n}{(1 + k)^n} - I_0$$

avec : a_1, a_2, ... a_t ... = flux de trésorerie induits par l'investissement et supposés réalisés en fin de période ($a_t > 0$) ; n = durée de vie de l'investissement ; k = taux d'actualisation = coût du capital ; $- I_0$ = montant des dépenses d'investissement supposées réalisées à la date 0 ($- I_0 < 0$).

Énoncé du critère de choix

Le projet d'investissement est acceptable si sa VAN est positive, c'est-à-dire s'il contribue à accroître la valeur actuelle globale de l'entreprise.

Investissement réalisé si VAN > 0

Discussion des restrictions liées à la définition

☐ La définition ne s'applique qu'à un seul projet X, ce qui donne la VAN de X.

☐ Le projet est supposé réalisé en une seule tranche, à l'époque 0 ($- I_0 < 0$). La réalité peut être différente et il peut y avoir plusieurs tranches, à des époques différentes.

☐ Les flux de trésorerie engendrés par l'investissement (a_1, a_2, ..., a_t, ..., a_n) sont supposés positifs. Cette hypothèse peut être mise en défaut si le projet nécessite de grosses dépenses de réparation à certaines époques.

☐ Note importante : $a_t > 0$ correspond à des recettes et at < 0 à des dépenses induites par l'investissement. Autrement dit, les recettes sont affectées du signe + et les dépenses du signe –.

☐ k, taux d'actualisation, représente le coût du capital pour l'entreprise, c'est-à-dire le coût moyen des sources de financement (capitaux propres, dettes financières) pour l'entreprise toute entière. On considère que le financement de l'investissement est réalisé globalement, à l'aide de toutes les ressources de l'entreprise, et non qu'il y a affectation de tel type de financement à tel projet d'investissement.

REPRÉSENTATION GRAPHIQUE DE LA VAN

La VAN d'un projet X peut s'écrire :

$$VAN(X) = \sum_{t=1}^{n} \frac{a_t}{(1+k)^t} - I_0$$

Si la condition $a_t > 0$ est remplie, la fonction $\frac{a_t}{(1+k)^t}$ est décroissante avec le taux d'actualisation k, quelle que soit l'époque t, et la VAN est une fonction monotone décroissante du taux d'actualisation k.

Exemple. Soit un projet A pour lequel $-I_0 = -7\,640$, $a_1 = 5\,000$, $a_2 = 5\,000$ et n = 2 ans.

$$VAN(A) = \frac{5\,000}{1+k} + \frac{5\,000}{(1+k)^2} - 7\,640$$

k	0	5 %	10 %	15 %	20 %	25 %	30 %
VAN (A)	2 360	1 660	1 040	490	0	- 440	- 840

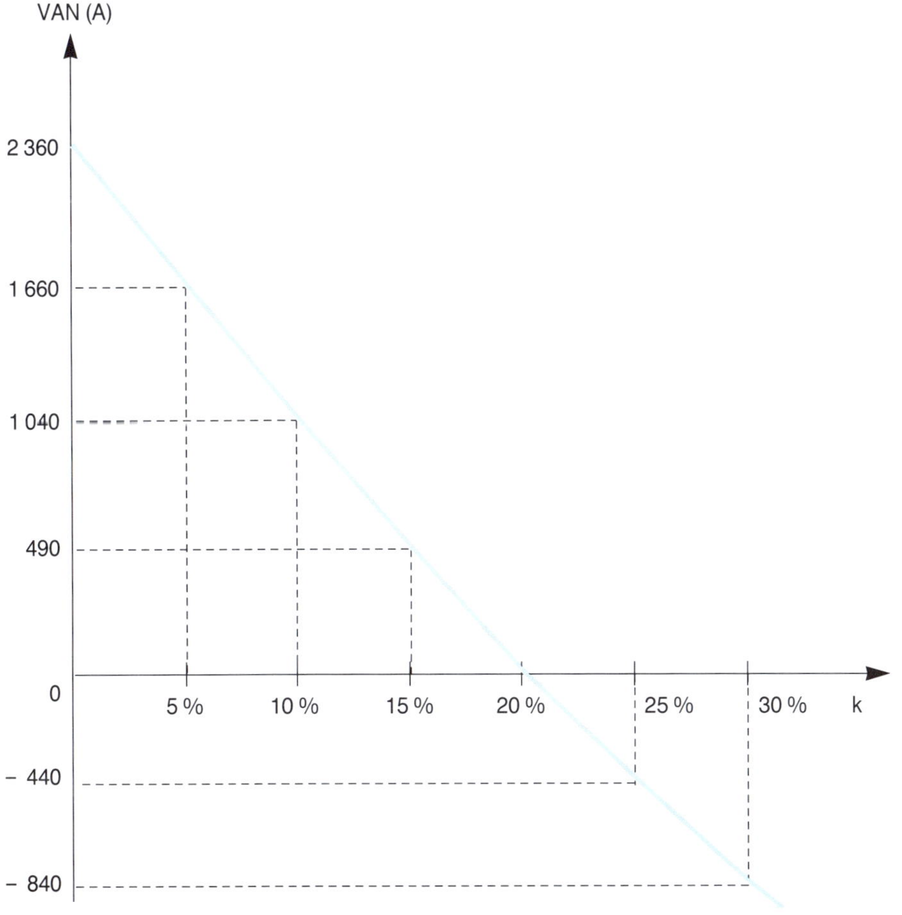

Les critères concurrents de la VAN

D'autres critères sont parfois proposés mais seule la VAN reste le critère de référence, car elle est conforme à l'objectif de maximisation de la valeur globale de l'entreprise.

Le taux interne de rentabilité (TIR)

☐ *Définition.* C'est le taux d'actualisation pour lequel la VAN est nulle.

$$\text{TIR} \rightarrow \text{VAN} : \sum_{t=1}^{n} \frac{at}{(1+\text{TIR})^t} - I_0 = 0$$

Dans l'exemple de la p. 87, le TIR est égal à 20 %.

☐ *Énoncé du critère de choix.* Dans les hypothèses précédentes, la VAN étant monotone et décroissante, elle ne s'annule que pour un seul taux d'actualisation. Il n'y a qu'un seul TIR. L'énoncé du critère de choix est le suivant :

Investissement réalisé si TIR > k

k étant le coût du capital pour l'entreprise, utilisé comme taux d'actualisation.
En général, VAN et TIR sont cohérents et, comme on le voit sur le graphique (p. 87), ils aboutissent aux mêmes conclusions :

VAN > 0 ⇔ TIR > k : le projet est accepté
VAN < 0 ⇔ TIR < k : le projet est rejeté

☐ *Critique de l'utilisation du TIR.* Cette utilisation repose sur une hypothèse inacceptable implicite : le réinvestissement des flux de trésorerie engendrés par l'investissement est fait au TIR lui-même. Or si le TIR est de 50 %, cela ne signifie pas que l'entreprise pourra réinvestir les flux induits a_t à ce taux.

Le délai de récupération du capital investi (ou *pay-back period*)

☐ C'est le nombre de périodes nécessaires pour récupérer les fonds investis.
☐ Par exemple, on veut choisir entre deux projets B et C décrits ci-dessous :

Projet	$-I_0$	a_1	a_2	a_3	Délai de récupération	VAN à k = 10 %
B	− 100	100	5	5	1 période	− 1,2
C	− 100	5	95	50	2 périodes	+ 20,63

☐ Le calcul de la VAN des projets B et C est fait ci-contre (p. 89). Selon le critère du délai de récupération, B est préférable à C (fonds récupérés en une période, au lieu de deux), alors que sa VAN est négative. On retiendrait le projet le moins rentable, ce qui est aberrant, et on rejette ici le critère du délai de récupération.

L'indice de profitabilité IP

$$\text{IP} = 1 + \frac{\text{VAN}}{I_0}$$

Le projet est accepté si IP > 1, car alors VAN > 0. C'est le critère le plus proche de la VAN qui est utilisé en cas de rationnement du capital.

CALCUL DE LA VAN ET DU TIR

■ **Calcul de la VAN (projets B et C, p. 88) au taux d'actualisation k = 10 %**

– *Projet B*

$$\text{VAN (B)} = \frac{100}{1{,}1} + \frac{5}{(1{,}1)^2} + \frac{5}{(1{,}1)^3} - 100 = 90{,}91 + 4{,}13 + 3{,}76 - 100 = -1{,}2$$

– *Projet C*

$$\text{VAN (C)} = \frac{5}{1{,}1} + \frac{95}{(1{,}1)^2} + \frac{50}{(1{,}1)^3} - 100 = 4{,}55 + 78{,}51 + 37{,}57 - 100 = 20{,}63$$

■ **Calcul du TIR** (projet D ci-dessous)

– *Projet D et VAN (D)*

Projet	$-I_0$	a_1	a_2	a_3	a_4
D	– 100	50	50	50	50

$$\text{VAN (D)} = \frac{50}{(1+k)} + \frac{50}{(1+k)^2} + \frac{50}{(1+k)^3} + \frac{50}{(1+k)^4} - 100.$$ Si k = 10 %, VAN (D) = 58,5

– *Expression du TIR (D)*

$$\text{TIR (D)} \rightarrow \text{VAN (D)} = \frac{50}{(1+\text{TIR})} + \frac{50}{(1+\text{TIR})^2} + \frac{50}{(1+\text{TIR})^3} + \frac{50}{(1+\text{TIR})^4} - 100 = 0$$

Puisque la VAN est une fonction monotone décroissante de k, pour que sa valeur diminue de 58,5 à 0, il faut augmenter le taux au-delà de 10 %.
Si k = 20 %, VAN (D) = 29,44 et si k = 30 %, VAN (D) = 8,31.
Puisqu'avec k = 30 % la VAN est faible, essayons le taux k = 35 % ; on obtient VAN(D) = – 0,15 (on est en dessous de 0).

– *Interpolation linéaire entre 30 % et 35 %*

k = 30 %	VAN = 8,31
k = 35 %	VAN = – 0,15
k ↗ 5 %	VAN ↘ 8,46

Une hausse de 5 % de k fait chuter la VAN de 8,46. Or il suffit qu'elle diminue de 8,31 pour tomber à 0, à partir de k = 30 %. La hausse de k sera une fraction de 5 % :

$$\text{TIR} = 30\,\% + 5\,\% \times \frac{8{,}31}{8{,}46} = 34{,}9\,\%$$

■ **Incohérence de la VAN et du TIR dans le cas de projets mutuellement exclusifs**

On veut choisir entre les projets D et E de montants différents (– 100 et – 150) et de durées différentes (4 ans et 3 ans). On dit que l'alternative est incomplète si les montants sont différents et/ou les durées sont différentes.

Projets	$-I_0$	a_1	a_2	a_3	a_4	TIR	VAN à k = 10 %
D	– 100	50	50	50	50	34,9 %	58,5
E	– 150	0	0	300	0	26 %	75,4
E – D	– 50	– 50	– 50	250	– 50	17 %	16,9

Quel projet faut-il choisir ?

Corrigé p. 155

Les critères à double taux

Si l'on veut que les deux critères du TIR et de la VAN aboutissent aux mêmes conclusions, on est conduit à utiliser deux taux d'actualisation. On calcule alors la VAN globale et le TIR global, qui présentent l'avantage d'être cohérents.

Les deux taux d'actualisation

☐ Le taux k est, comme précédemment, le coût moyen pondéré des sources de financement de l'entreprise, c'est-à-dire le coût du capital.
☐ Le taux r constitue le taux de rentabilité minimale des opportunités d'investissement de l'entreprise.

Définition de la VAN globale (VANg)

On fait l'hypothèse que les flux de trésorerie intermédiaires a_1, a_2, ..., a_n pourront être replacés à intérêts composés au taux r, si bien que leur valeur acquise A sera à l'époque n :

$$A = a_1 (1 + r)^{n-1} + a_2 (1 + r)^{n-2} + ... + a_{n-1} (1 + r) + a_n$$

A est appelé facteur d'accumulation. Comme la comparaison des valeurs est faite à l'époque 0, on actualise A au taux d'actualisation k et on retranche I_0 :

$$VANg = \frac{A}{(1 + k)^n} - I_0 \quad (1)$$

Définition du TIR global (TIRg)

C'est le taux d'actualisation k qui annule la VAN globale :

$$TIRg \rightarrow VANg = \frac{A}{(1 + TIRg)^n} - I_0 = 0$$

On en déduit :

$$(1 + TIRg)^n = \frac{A}{I_0} \quad \text{avec } A = \sum_{t=1}^{n} a_t (1 + r)^{n-t}$$

La VAN traditionnelle (VAN) n'est qu'un cas particulier de la VAN globale (VANg) lorsque r = k

En remplaçant, dans A, r par k et en reportant A ainsi obtenu dans l'égalité (1), on obtient :

$$VANg = \frac{a_1}{1 + k} + \frac{a_2}{(1 + k)^2} + ... + \frac{a_n}{(1 + k)^n} - I_o = VAN$$

Les deux critères VANg et TIRg aboutissent aux mêmes conclusions pour des projets qui s'excluent mutuellement (voir l'exemple des projets D et E p. 91).

Retenons que la règle de la valeur actuelle nette constitue la règle de référence en matière de choix d'investissement, qu'il s'agisse de la VAN ou de la VANg, cette dernière présentant l'avantage d'être cohérente avec le TIR global.

EXEMPLE

L'exemple qui suit a pour objet de montrer la cohérence de la VAN_g et du TIR_g pour deux projets D et E qui s'excluent mutuellement.

– Reprenons l'exemple des projets D et E (p. 89)

On a montré qu'avec la VAN et le TIR traditionnels, on aboutit à des conclusions opposées. Selon la VAN, c'est E qui est choisi ; selon le TIR, c'est D.

Calculons pour chaque projet D et E la VAN_g et le TIR_g et vérifions qu'ils sont cohérents. Pour cela, retenons le montant le plus élevé : 150 et la durée la plus longue : 4 ans, grâce à l'introduction de a_0, de manière à ce que l'alternative soit complète.

Projets	$-I_0$	a_0	a_1	a_2	a_3	a_4
D	– 150	50	50	50	50	50
E	– 150	0	0	0	300	0

mêmes montants : 150 (sous $-I_0$) — mêmes durées : 4 ans (sous a_0 à a_4)

Pour les calculs qui suivent, on prendra : k = 10 % et r = 15 %, avec n = 4.

– *Projet D* (on veillera à ne pas oublier a_0 à la date 0)

$$A = 50\,(1{,}15)^4 + 50\,(1{,}15)^3 + 50\,(1{,}15)^2 + 50\,(1{,}15) + 50 = 337{,}12$$

• $VANg = \dfrac{A}{(1+k)^n} - I_0 = \dfrac{337{,}12}{(1{,}10)^4} - 150 = \mathbf{80{,}26}$

• $(1 + TIRg)^4 = \dfrac{A}{I_0} = \dfrac{337{,}12}{150} = 2{,}2475 \Rightarrow TIRg = \sqrt[4]{2{,}2475} - 1 = \mathbf{22{,}44\ \%}$

– *Projet E*

$$A = 300\,(1{,}15) = 345$$

• $VANg = \dfrac{A}{(1+k)^n} - I_0 = \dfrac{345}{(1{,}10)^4} - 150 = \mathbf{85{,}64}$

• $(1 + TIRg)^4 = \dfrac{A}{I_0} = \dfrac{345}{150} = 2{,}3 \Rightarrow TIRg = \sqrt[4]{2{,}3} - 1 = \mathbf{23{,}15\ \%}$

■ Récapitulation et conclusion

Projets	$-I_0$	a_0	a_1	a_2	a_3	a_4	TIRg	VANg	Choix
D	– 150	50	50	50	50	50	22,44 %	80,26	refusé
E	– 150	0	0	0	300	0	23,15 %	85,64	accepté

Ainsi, TIRg et VANg sont cohérents : ils aboutissent aux mêmes conclusions.

TIRg de E > TIRg de D et VANg de E > VANg de D

C'est le projet E qui est retenu selon les deux critères.

Le coût du capital

Pour appliquer le critère de la VAN, il faut actualiser les flux de trésorerie en utilisant un taux d'actualisation approprié. Le taux d'actualisation utilisé dans les problèmes de choix d'investissement est le coût du capital de l'entreprise.

Le taux d'actualisation k est le coût du capital de l'entreprise

Le coût du capital de l'entreprise toute entière est égal à la moyenne arithmétique pondérée du coût des dettes financières (emprunts) et du coût des capitaux propres.

$$(1) \quad k = \text{coût du capital} = k'_d \cdot \frac{D}{D + CP} + k_{cp} \cdot \frac{CP}{D + CP}$$

avec :
- D = valeur des dettes financières (emprunts)
- CP = valeur des capitaux propres
- k'_d = coût de la dette après impôt (actuellement taux de l'impôt sur les bénéfices : 33 1/3 %)
- k_{cp} = coût des capitaux propres (ou des fonds propres)

Le coût des dettes financières (emprunts) est le taux actuariel après impôt

☐ On appelle taux actuariel le taux d'actualisation qui réalise l'égalité à l'époque 0 (époque initiale) entre les dettes financières (sommes empruntées) et la valeur actuelle des versements effectués par l'entreprise au titre des intérêts (après impôt), des frais (après impôt) et des remboursements du capital.

☐ Pour des emprunts classiques sans frais, le taux actuariel après impôt est égal au taux nominal multiplié par (1 – T), T étant le taux de l'impôt sur les bénéfices.

☐ Exemple : taux nominal servant à calculer les intérêts : 9 %

$$1 - T = 1 - 33\ 1/3\ \% = 1 - 1/3 = 2/3$$

Taux actuariel après impôt $k'_d = 9\ \% \times 2/3 = 6\ \%$.

Le coût des capitaux propres

☐ Il dépend des exigences et des anticipations des actionnaires. Plus le risque financier est important, plus la prime de risque demandée est élevée, plus le coût des capitaux propres est grand. Il existe différents modèles d'évaluation du coût des capitaux propres : ils sont de type actuariel et supposent un niveau de risque donné (modèles d'actualisation des dividendes, modèles d'actualisation des bénéfices).

☐ Exemple : modèle simple d'actualisation des dividendes, p. 93. On obtient : $k_{cp} = 10\ \%$.

Le taux d'actualisation k dépend des décisions de financement, qui conditionnent la structure financière de l'entreprise

Lorsque l'endettement s'accroît, c'est-à-dire lorsque le levier financier $L = \frac{D}{CP}$ augmente, le coût du capital k diminue si $k'_d < k_{cp}$ (ce qui est évident en calculant k d'après (1) ci-dessus).

EXEMPLES

Coût des dettes financières (emprunts) k'_d

Soit un emprunt de 10 000 KF, d'une durée de 10 ans, émis au taux nominal de 9 % et remboursable en une seule fois dans 10 ans (*in fine*). Les frais d'émission ont été de 272,76 KF (époque 0). Le taux de l'impôt sur les bénéfices est de 33 1/3 %.

– Chaque année, à l'anniversaire de l'emprunt, l'entreprise doit payer les intérêts :

$$10\,000 \text{ KF} \times 9\,\% = 900 \text{ KF}.$$

Ces intérêts, qui sont des charges financières, engendrent une économie d'impôt de : 900 KF x 33 1/3 % = 300 KF, si bien que les charges après impôt sont de 600 KF.

– À la fin de la durée de l'emprunt, l'entreprise doit rembourser le capital : 10 000 KF.

– À l'époque 0, l'entreprise a reçu 10 000 KF et a payé les frais d'émission de 272,76 KF (économie d'impôt : 272,76 x 33 1/3 % = 90,92 KF).

– Le taux actuariel est le taux d'actualisation qui réalise l'égalité à l'époque 0 entre le montant emprunté disponible et la valeur actuelle des versements effectués par l'entreprise :

$$10\,000 - (272{,}76 - 90{,}92) = 600\,(1 + k'_d)^{-1} + 600\,(1 + k'_d)^{-2} + \ldots\ldots\ldots$$
$$+ 600\,(1 + k'd)^{-10} + 10\,000\,(1 + k'_d)^{-10}$$

$$9\,818{,}16 = 600 \cdot \frac{1 - (1 + k'_d)^{-10}}{k'_d} + 10\,000\,(1 + k'_d)^{-10}$$

Les calculs donnent : k'_d = **6,25 %**.

Si l'emprunt avait été classique, sans frais d'émission, le taux actuariel après impôt aurait été de : 9 % (1 – T) = 6 %. Les frais d'émission augmentent le coût de la dette de 0,25 %.

N.B. : S'il y a plusieurs emprunts, le coût des dettes financières est la moyenne arithmétique pondérée des taux actuariels obtenus.

Coût des capitaux propres k_{cp}

Supposons que le cours de l'action aujourd'hui (époque 0) soit P_0 = 500 F et considérons un modèle simple d'actualisation des dividendes : on anticipe un dividende annuel constant par action, soit 50 F, sur un horizon infini.

Le coût des capitaux propres est le taux d'actualisation pour lequel il y a égalité entre la valeur de l'action P_0 (époque 0) et la valeur actuelle des dividendes futurs.

C'est un taux de rentabilité de l'investissement en action.

$$P_0 = 500 = 50\,(1 + k_{cp})^{-1} + 50\,(1 + k_{cp})^{-2} + \ldots + 50\,(1 + k_{cp})^{-n}$$

$$10 = (1 + k_{cp})^{-1} + (1 + k_{cp})^{-2} + \ldots + (1 + k_{cp})^{-n} = \frac{1 - (1 + k_{cp})^{-n}}{k_{cp}}$$

Lorsque $n \to \infty$, $(1 + k_{cp})^n \to \infty$ et $(1 + k_{cp})^{-n} = \dfrac{1}{(1 + k_{cp})^n} \to 0$

La limite, quand n tend vers l'infini, de $\dfrac{1 - (1 + k_{cp})^{-n}}{k_{cp}}$ est donc $\dfrac{1}{k_{cp}}$

En conséquence : $10 = \dfrac{1}{k_{cp}} \Leftrightarrow k_{cp} = 10\,\%$

Évaluation des flux de trésorerie

Pour un projet d'investissement d'une durée de vie de n années, on distinguera l'évaluation des flux de trésorerie à l'époque 0, aux époques intermédiaires et à l'époque n.

Évaluation du capital investi (époque 0)

Il comprend :
- le prix d'achat hors TVA déductible des immobilisations constituant l'investissement,
- les frais de mise en place de l'investissement (formation, frais de recherche, ...),
- le supplément de BFRE induit par le projet et assimilable à un investissement,
- les impôts engendrés par le projet.

Évaluation des flux d'exploitation intermédiaires (époques 1, 2, ..., n–1)

☐ Remarque importante : les flux de trésorerie engendrés par l'investissement doivent être évalués indépendamment des modalités de financement ; autrement dit, on ne retiendra pas les frais financiers et les économies d'impôt liées à ces frais, sinon on les compterait deux fois. En effet, le taux d'actualisation k tient compte de l'économie d'impôt sur les intérêts.

☐ En pratique, les flux intermédiaires sont évalués à partir du compte de résultat. Il est souvent difficile d'isoler les flux associés au projet d'investissement. Il faut travailler en différentiel, c'est-à-dire faire la différence entre deux comptes de résultat :
- le compte de résultat sans investissement réalisé,
- le compte de résultat avec l'investissement.

Ce raisonnement doit être fait pour chaque période intermédiaire. À partir du compte de résultat différentiel (obtenu par différence, comme indiqué ci-dessus), le flux de trésorerie après impôt est calculé comme suit :

Flux de trésorerie d'exploitation après impôt	=	EBE différentiel lié à l'investissement	–	Δ BFRE induite	–	impôt sur les bénéfices

On suppose souvent que la variation Δ BFRE induite par l'investissement est nulle, ce qui donne :

Flux de trésorerie d'exploitation après impôt	=	EBE différentiel lié à l'investissement	–	impôt	=	Résultat d'exploitation différentiel après impôt	+	dotations

☐ Un exemple de calcul est présenté ci-contre (p. 95).

Évaluation du flux final (époque n)

Flux de trésorerie final après impôt	=	flux d'exploitation de l'époque n après impôt	+	prix de cession de l'investissement après impôt sur les plus-values	+	récupération du BFRE (besoin initial, + variations intermédiaires

DÉTERMINATION DES FLUX D'EXPLOITATION INTERMÉDIAIRES

Exemple

On donne ci-dessous pour une période intermédiaire :
- le compte de résultat de l'entreprise sans investissement,
- le compte de résultat de l'entreprise avec investissement.

La dernière colonne fait apparaître les différences imputables à l'investissement.

COMPTE DE RÉSULTAT (période intermédiaire)	**Sans investissement**	**Avec investissement**	**Différences**
Chiffre d'affaires	100	120	20
- charges décaissables d'exploitation variables	60	66	6
= marge sur coûts variables	40	54	14
- charges décaissables d'exploitation fixes	20	22	2
= EBE (flux de fonds avant impôt) (1)	20	32	12
- dotations aux amortissements (2)	8	11	3
= résultat d'exploitation	12	21	9
- impôt sur les bénéfices (33 1/3 %) (3)	4	7	3
= résultat d'exploitation après impôt (4)	8	14	6
Flux de fonds après impôt = (1) - (3) ou (4) + (2)	16	25	9

Commentaires du tableau

- Ce tableau concerne une période intermédiaire déterminée. Il faudrait normalement établir autant de tableaux qu'il y a de périodes intermédiaires.

Dans les exercices proposés, on donne généralement les éléments permettant d'obtenir directement (sans calculer des différences) les flux induits par l'investissement.

- Le tableau permet de calculer le flux de fonds après impôt, c'est-à-dire l'EBE après impôt :

Flux de fonds après impôt = EBE (1) - impôt (3) = 12 - 3 = 9

or : EBE (1) - dotations (2) - impôt (3) = résultat d'exploitation après impôt (4)

donc : EBE (1) - impôt (3) = résultat d'exploitation après impôt (4) + dotations (2).

En pratique, on trouve plus commode de calculer le flux de fonds après impôt en ajoutant (4) et (2) :

Flux de fonds après impôt = résultat d'exploitation après impôt + dotations

$$9 = 6 + 3$$

- La VAN ou le TIR sont calculés par actualisation des flux de trésorerie.

Pour passer des flux de fonds (ci-dessus) aux flux de trésorerie, il faut déduire les décalages représentés par Δ BFRE :

Flux de trésorerie après impôt = flux de fonds après impôt - Δ BFRE

Si, pour la période considérée dans l'exemple de cette page, on a : Δ BFRE = 2, le flux de trésorerie après impôt vaudra : 9 - 2 = 7.

Étude d'un projet d'investissement

Un projet d'investissement est caractérisé par une forte dépense initiale et par des recettes anticipées, échelonnées sur la durée de vie de l'investissement.

Données

□ Un distributeur de produits pour l'agriculture se voit proposer un contrat sur 5 ans pour la vente de sacs d'engrais à livrer chez les utilisateurs. Les prévisions de vente s'élèvent à 6 000 sacs par an avec un prix de vente unitaire de 100 F et un prix d'achat de 60 F.

□ La réalisation du projet nécessite l'acquisition d'une camionnette pour 120 000 F, amortissable sur 5 ans en linéaire ; à la fin de la 5e année, on estime pouvoir la revendre pour 24 000 F. Par ailleurs, les frais divers décaissables d'exploitation liés au projet (frais d'entretien de la camionnette, essence, impôts, ...) sont évalués à 168 000 F par an. Le commerçant devra conserver un mois de stock et accorder un crédit de 30 jours aux clients, alors que le fournisseur sera payé comptant. Le taux de l'impôt sur les sociétés est de 33 1/3 %.

□ On considérera deux hypothèses H_1 et H_2 :

– H_1 = pas de hausse des prix (taux d'actualisation = coût du capital = 15 %).

– H_2 = hausse du prix de vente, du prix d'achat et des frais divers de 10 % par an.

Calculs des flux (hypothèse H_1)

□ *Investissement initial* (époque 0). Il comprend l'achat de la camionnette (120 000 F) ainsi que le supplément du BFRE induit par le projet :

– un mois de stock = $\frac{6\,000}{12}$ x 60 F = 30 000 F

– un mois de crédit clients = $\frac{6\,000}{12}$ x 100 F = 50 000 F

Total = 80 000 F

□ *Flux d'exploitation intermédiaires* (époques 1, 2, 3, 4)

Ils sont calculés en ajoutant les dotations aux résultats d'exploitation après impôt, comme indiqué p. 95. Les calculs sont présentés dans le tableau ci-contre (p. 97).

□ *Flux final* (époque 5)

Il comprend le flux d'exploitation de l'époque 5, plus la valeur de cession de l'investissement après impôt sur les plus-values (24 000 – 24 000 x 33 1/3 % = 16 000 F), plus la récupération du BFRE (80 000 F).

□ *Remarque* : La camionnette étant complètement amortie au bout de 5 ans, sa valeur nette comptable est nulle et le prix de cession représente en totalité une plus-value imposable à 33 1/3 % (plus-value à court terme).

Calcul des flux (hypothèse H_2)

Le BFRE augmente de 10 % de 80 KF à l'époque 1, de 10 % de (80 + 8) KF à l'époque 2, de 10 % de (80 + 8 + 8,8) KF à l'époque 3, etc., et l'EBE augmente de 10 % par an.

SOLUTION DU CAS

■ Hypothèse H_1 : pas de hausse de prix prévue (sommes en KF)

	Époque 0	Époque 1	Époque 2	Époque 3	Époque 4	Époque 5
Dépenses (-)						
Investissement (camionnette)	120					
Supplément de BFRE	80					
Dépenses totales	200					
Recettes (+)						
Marge commerciale (ventes-achats)		240	240	240	240	240
− frais divers d'exploitation décaissables		168	168	168	168	168
= EBE		72	72	72	72	72
− dotations aux amortissements (a)		24	24	24	24	24
= résultat d'exploitation		48	48	48	48	48
− impôt sur les bénéfices 33 1/3 %		16	16	16	16	16
= résultat d'exploitation après impôt (b)		32	32	32	32	32
Flux de fonds d'exploitation (a) + (b)		56	56	56	56	56
Cession nette d'impôt						16
Récupération BFRE						80
Recettes totales		56	56	56	56	152
Flux nets	**− 200**	**56**	**56**	**56**	**56**	**152**

$$VAN\,(15\,\%) = 56 \cdot \frac{1 - (1{,}15)^{-4}}{0{,}15} + 152\,(1{,}15)^{-5} - 200 = 35{,}45\ KF > 0$$

Le projet est **accepté**.

■ Hypothèse H_2 : hausse des prix de 10 % (sommes en KF)

	Époque 0	Époque 1	Époque 2	Époque 3	Époque 4	Époque 5
Dépenses (-)						
Investissement (camionnette)	120					
Supplément de BFRE	80	8	8,8	9,68	10,648	
Dépenses totales	200	8	8,8	9,68	10,648	
Recettes (+)						
= EBE (+ 10 % par an)		72	79,2	87,12	95,83	105,415
− dotations (a)		24	24	24	24	24
= résultat d'exploitation		48	55,2	63,12	71,83	81,415
− impôt sur les bénéfices 33 1/3 %		16	18,4	21,04	23,94	27,138
= résultat d'exploitation après impôt (b)		32	36,8	42,08	47,89	54,277
Flux de fonds d'exploitation (a) + (b)		56	60,8	66,08	71,89	78,277
Cession nette d'impôt						16
Récupération BFRE						117,128
Recettes totales		56	60,8	66,08	71,89	211,405
Flux nets nominaux	**− 200**	**48**	**52**	**56,4**	**61,242**	**211,405**

Avec un taux d'inflation de 10 %, le taux nominal d'actualisation K, qui intègre l'inflation, est tel que : $1 + K = 1{,}15 \times 1{,}10 = 1{,}265 \Rightarrow K = 26{,}5\,\%$

On doit actualiser les flux nominaux au taux de 26,5 %.

$VAN\,(26{,}5\,\%) = 48\,(1{,}265)^{-1} + 52\,(1{,}265)^{-2} + 56{,}4\,(1{,}265)^{-3} + 61{,}242\,(1{,}265)^{-4} + 211{,}405\,(1{,}265)^{-5} - 200 = -12{,}52 < 0$

Le projet est refusé.

Le marché des capitaux

L'offre des capitaux aux entreprises peut provenir des particuliers : directement sur le marché des capitaux, indirectement, par l'intermédiaire des banques et des établissements financiers. On parle alors d'intermédiation financière. Le marché des capitaux comprend le marché monétaire et le marché financier.

Le marché monétaire

C'est le marché des capitaux à court et moyen terme. Il comprend le marché interbancaire, réservé aux banques, et le marché des titres de créances négociables, ouvert à tous les agents économiques.

☐ *Le marché interbancaire*

– Il est réservé aux établissements de crédit, au Trésor public, à la Banque de France, à la Poste, à la Caisse des dépôts et consignations et aux établissements gérant des portefeuilles de valeurs mobilières. C'est le lieu de rencontre des offres et des demandes de capitaux. Certains établissements sont prêteurs, d'autres emprunteurs. Sur ce marché sont calculés divers taux de référence :

• le taux moyen pondéré (TMP) calculé par la Banque de France,

• le PIBOR (Paris Interbank Offered Rate = taux interbancaire offert à Paris) calculé par l'Association française des banques à partir des données fournies par huit banques pour des échéances de 1, 2, 3, ... mois.

– La Banque de France intervient sur ce marché pour contrôler les taux d'intérêt et assurer la liquidité.

– Le Trésor public intervient comme emprunteur pour le financement de l'État. Pour cela, il émet des bons du Trésor à taux variables (BTV), d'une durée de 2 ans, non négociables.

☐ *Le marché des titres de créances négociables*

Ces titres sont constitués par des certificats de dépôts (CD), des billets de trésorerie (BT), des bons du Trésor négociables (BTN), des bons des institutions financières spécialisées (BIFS). Leur durée va de 10 jours à 7 ans mais leur montant minimum unitaire de un million de francs est dissuasif pour les particuliers.

Le marché financier

C'est le marché des capitaux à long terme (actions, obligations, titres dérivés). On distingue le marché primaire et le marché secondaire.

☐ *Le marché primaire.* Il n'est pas localisé en un lieu déterminé. C'est le marché sur lequel l'État, les collectivités publiques, les entreprises émettent des valeurs mobilières, à un prix qu'ils fixent, pour se procurer des capitaux à long terme. Les titres sont placés auprès du public par l'intermédiaire des banques, des services financiers de la Poste, des sociétés de Bourse.

☐ *Le marché secondaire.* C'est le marché sur lequel s'échangent les titres antérieurement émis sur le marché primaire. Il est localisé à la Bourse, qui est devenue un marché national unique. Il est subdivisé en marché des obligations et marché des actions. Le marché des actions est lui-même subdivisé en : marché officiel (marché à règlement mensuel (RM) et marché au comptant à règlement immédiat (RI)), second marché et marché hors cote.

L'ÉVOLUTION DU MARCHÉ DES CAPITAUX

L'évolution récente du marché des capitaux présente deux caractéristiques essentielles : la désintermédiation financière et la titrification. Cette évolution est commune à la plupart des nations développées.

■ La désintermédiation

Elle se traduit par l'affaiblissement du rôle des banques et des établissements financiers comme intermédiaires financiers et elle est due à la réforme du marché monétaire et au développement rapide du marché financier.

– *La réforme du marché monétaire*

Elle s'est accompagnée d'un élargissement de ce marché qui, avant 1985, était réservé à un nombre limité d'intervenants et qui, désormais, est subdivisé en deux composantes :
• le marché interbancaire, réservé aux seuls professionnels du secteur bancaire,
• le marché des titres de créances négociables, ouvert à tous les agents économiques.

– *Le développement rapide du marché financier*

Il a été permis grâce :
• à l'apparition de nouveaux produits de la famille des obligations, ou des actions, ou intermédiaires entre obligations et actions,
• à la modernisation des structures du marché financier qui concerne aussi bien le marché primaire (marché des émissions) que le marché secondaire (marché de l'occasion).

Concernant ce dernier point, on peut noter les mesures prises en faveur de l'émission des emprunts obligataires, des augmentations de capital, la création du second marché (1983), d'un marché à terme des taux d'intérêt (MATIF, 1986), d'un marché des options négociables sur actions (MONEP, 1987), la mise en place d'un marché continu, etc.

■ La titrification

Elle correspond au désir des particuliers d'investir leur épargne en titres, de préférence à des dépôts auprès des banques ou de la Caisse d'épargne.
Les titres, qui sont négociables sur le marché secondaire, permettent d'avoir une bonne liquidité et de choisir entre rentabilité et risque pour les divers placements.

■ La titrisation

Elle ne doit pas être confondue avec la titrification. C'est une technique d'origine américaine permettant de transformer des créances bancaires en produits financiers négociables. En France, la loi du 23/12/88 donne un cadre juridique à la titrisation : le Fonds commun de créances (FCC).

Les étapes de la titrisation sont les suivantes :
– Une banque ayant accordé un crédit cède cette créance à un Fonds commun de créances (FCC) contre des liquidités. La créance ne figure plus à l'actif de son bilan.
– Le Fonds émet, en contrepartie, des titres négociables sur le marché financier.
– Par la suite, le Fonds encaisse les intérêts et les remboursements versés par les débiteurs initiaux et utilise les fonds pour rémunérer les titres émis.
– Le Fonds est liquidé lorsque les créances cédées sont remboursées.

Les opérations de titrisation sont subordonnées à l'agrément de la COB, après consultation de la Banque de France.

Fonds propres d'origine externe

Ils sont constitués par les apports en capital provenant des actionnaires, des organismes financiers, des salariés et également par les subventions d'investissement (voir p. 12).

Augmentation de capital (en numéraire, en nature)

Les actions sont émises à un prix d'émission E qui ne peut être inférieur à la valeur nominale C, ni supérieur au cours V_1 de l'action avant l'augmentation : $C \leq E \leq V_1$

☐ La prime d'émission, qui égalise les droits des actionnaires anciens et nouveaux, est égale à : $E - C$

☐ Il existe un droit préférentiel de souscription attaché à l'action ancienne dans le cas d'une augmentation de capital en numéraire. Ce droit a une valeur et il est négociable. L'objet du droit de souscription est de compenser la baisse de la valeur de l'action à la suite de l'augmentation de capital. Si V_2 est la valeur de l'action après augmentation, le droit de souscription vaut : $V_1 - V_2$

Apport de capital-risque

Le capital-risque est un procédé de financement par capitaux propres au profit de PME innovatrices, courant un risque technologique. Au sens large, le capital-risque englobe le capital-développement, c'est-à-dire l'apport de capitaux propres à des entreprises ne courant plus de risque technologique mais ayant des besoins de fonds propres pour assurer leur développement. Le financement en fonds propres est assuré par divers organismes :
- les grandes banques commerciales françaises par l'intermédiaire de leurs filiales spécialisées, les banques d'affaires,
- les Sociétés de développement régional (SDR), créées en 1955, qui prennent des participations dans le capital d'entreprises régionales n'ayant pas accès au marché financier,
- le Crédit national et l'Institut de développement industriel (IDI).

L'introduction en Bourse

Elle facilite le développement de l'entreprise par la plus grande mobilité du capital et par le recours aux augmentations de capital. L'ouverture du second marché en 1983 a allégé les conditions d'accès au marché : les entreprises ne doivent mettre à la disposition du public que 10 % de leur capital (contre 25 % sur le marché officiel) et les obligations d'information sont réduites.

L'actionnariat des salariés

On peut citer comme exemples :
- les souscriptions ou achats d'actions dans le cadre d'un plan d'épargne entreprise,
- les souscriptions ou achats d'actions réservés aux actionnaires (loi du 27/12/73),
- les plans d'options sur actions introduits en France par la loi du 31/12/70,
- la reprise d'une entreprise par ses salariés (RES).

LES PRODUITS DE LA FAMILLE DES ACTIONS

■ L'action est un titre de copropriété d'une société de capitaux. Outre le droit au dividende, l'action donne un droit de vote aux assemblées à raison d'une voix pour une action.
La valeur nominale de l'action est généralement de 100 F ; elle doit être libérée (= payée) au moins de la moitié au moment de la création de la société (loi du 10/06/94), s'il s'agit d'une action de numéraire. L'action d'apport doit être intégralement libérée lors de la constitution.

■ Actions à droit de vote double

Il est possible de créer des actions à droit de vote double, soit statutairement, soit par décision de l'assemblée générale extraordinaire. Ce sont des actions nominatives (portant le nom du propriétaire), entièrement libérées, appartenant au même actionnaire depuis plus de deux ans.

■ Actions à dividende prioritaire (ADP)

Elles bénéficient d'un dividende prioritaire en contrepartie du renoncement au droit de vote (loi du 03/01/83). L'émission d'ADP est réservée aux sociétés ayant réalisé des bénéfices distribuables au cours des deux derniers exercices. Cette émission peut être effectuée par une augmentation de capital ou par une conversion d'actions ordinaires déjà existantes. Le montant des ADP est limité à 25 % du capital. Le dividende prioritaire (1er dividende) ne doit être inférieur ni au 1er dividende alloué aux actions ordinaires, ni à 7,5 % du capital libéré et non amorti d'une ADP. Si ce dividende prioritaire n'a pas été versé pendant trois exercices, l'action retrouve son droit de vote. L'ADP permet à la société émettrice d'accroître ses fonds propres sans risque de dilution du capital, car l'actionnaire principal est attiré par ce produit offrant une meilleure rentabilité qu'une action ordinaire.

■ Certificats d'investissement (CI et CIP)

Ce sont des valeurs mobilières résultant du fractionnement de l'action en deux titres :
– le certificat d'investissement (CI), qui bénéficie des droits pécuniaires attachés à l'action (droits aux dividendes, aux réserves, au boni de liquidation),
– le certificat de droit de vote, qui possède obligatoirement une forme nominative et qui est inaliénable seul (il ne peut être cédé qu'accompagné d'un CI) :
Le CI est dit privilégié (CIP) lorsqu'un dividende prioritaire lui est accordé. Le CI est librement négociable.
Les CI sont créés soit par démembrement d'actions déjà existantes, soit à l'occasion d'une augmentation de capital. Ils ne doivent pas représenter plus de 25 % du capital. La valeur du CI est inférieure à celle de l'action. Ces titres ont été créés en 1983 pour se procurer des fonds sans perte de contrôle.

■ Actions à bons de souscription d'actions (ABSA)

Ce sont des actions nouvelles créées lors d'une augmentation de capital, auxquelles sont attachés un ou plusieurs bons (appelés warrants) donnant droit, pendant une certaine période, de souscrire à de nouvelles actions, à un prix fixé à l'avance.
L'ABSA permet de réaliser des augmentations de capital successives. Les bons de souscription sont cotés séparément des actions d'origine : ils présentent un caractère très spéculatif.

L'autofinancement

Le financement à long terme des entreprises peut être assuré soit par fonds propres, soit par emprunts et crédit-bail.
Les fonds propres sont d'origine externe (apports en capital et subventions d'investissement, p. 100) ou d'origine interne (autofinancement).

Définition et contenu de l'autofinancement

□ Il représente le flux de fonds provenant de l'activité de l'entreprise, qui sert à financer l'investissement.

Autofinancement = Capacité d'autofinancement (CAF) – dividendes

□ (Pour la CAF, voir p. 60 et p. 61). De l'expression de la CAF, on déduit :

Autofinancement (sans cessions)	=	résultat mis en réserves	+	charges calculées (non décaissables)	–	produits calculés (non encaissables)	–	prix des cessions

Facteurs influençant l'autofinancement

Il dépend des décisions des dirigeants qui s'exercent dans un cadre contraignant.

□ *Les choix des dirigeants*

L'effet de ces choix sur l'autofinancement peut être compris en utilisant la relation suivante :

Autofinancement (sans cessions)	=	EBE	+	autres produits encaissables (sans cessions)	–	autres charges décaissables (dont charges financières et impôt sur bénéfices)	–	dividendes

L'autofinancement dépend de la rentabilité de l'entreprise (EBE) et des choix des dirigeants en matière sociale, fiscale et de financement global de l'entreprise, comme indiqué ci-dessous :

CHOIX

- Augmentation des salaires ⇒ EBE ↘ ⇒ autofinancement ↘.
- Recours au crédit-bail ⇒ EBE ↘ ⇒ autofinancement ↘.
- Amortissement dégressif (au lieu de linéaire) ⇒ impôt sur bénéfices ↘ ⇒ autofinancement ↗.
- Recours à l'endettement ⇒ frais financiers ↗ ⇒ autofinancement ↘.
- Dividendes distribués ⇒ autofinancement ↘.

□ *Le cadre contraignant.* Il limite la liberté du choix :
- contraintes sociales : en ce qui concerne les salaires, les cotisations sociales ;
- contraintes fiscales : incitation à la rétention des résultats ;
- formalités d'accès au marché financier.

À cela s'ajoutent les avantages liés à l'endettement (voir effet de levier p. 52) qui conduisent les dirigeants à préférer l'endettement à l'autofinancement.

Augmentation de capital par incorporation de réserves

Il s'agit d'une augmentation de capital au moyen de fonds propres internes provenant de l'autofinancement. Bien entendu, la valeur des capitaux propres de l'entreprise n'est pas modifiée. Deux modalités sont possibles : augmentation de la valeur nominale des actions existantes sans en modifier le nombre, ou augmentation du nombre sans changer la valeur nominale.

ILLUSTRATIONS

Calcul du droit d'attribution

La méthode de calcul du droit d'attribution est identique à celle du droit de souscription qui apparaît lors d'une augmentation de capital en numéraire.

– *Droit de souscription* (augmentation de capital en numéraire, p. 100)

Dans une société A (capital de 4 000 actions de nominal 100 F), on émet 2 000 actions nouvelles au prix d'émission E de 150 F. Avant l'augmentation, la valeur de l'action ancienne est de V_1 = 180 F

4 000 actions anciennes à 180 F	=	720 000 F
2 000 actions nouvelles à 150 F (prix d'émission)	=	300 000 F
6 000 actions	=	1 020 000 F

La valeur V_2 de l'action après augmentation est : 1 020 000F/6 000 = 170 F

Le droit de souscription, destiné à compenser la perte subie par l'actionnaire ancien sur une action, vaut : $V_1 - V_2$ = 180 F – 170 F = 10 F. Il y a 4 000 droits pour 2 000 actions nouvelles, soit deux droits pour une action nouvelle.

Pour avoir une action de valeur 170 F, il faut verser E = 150 F et fournir deux droits : 10 F x 2 = 20 F

– *Droit d'attribution* (augmentation de capital par incorporation de réserves)

On suppose que, dans l'exemple précédent, les actions nouvelles émises sont gratuites, c'est-à-dire que E = 0. On prélève 200 000 F dans les réserves et on augmente le capital de la même somme (2 000 x 100 F = 200 000 F).

4 000 actions anciennes à 180 F	=	720 000 F
2 000 actions gratuites à 0 F	=	0 F
6 000 actions		720 000 F

La valeur V_2 de l'action après augmentation est : 720 000/6 000 = 120 F

Le droit d'attribution vaut : $V_1 - V_2$ = 180 F – 120 F = 60 F

Le droit d'attribution est attaché à l'action ancienne. Il y a 4 000 actions anciennes, donc 4 000 droits d'attribution pour 2 000 actions nouvelles, soit 2 droits pour 1 action nouvelle gratuite. Pour avoir une action gratuite de valeur 120 F, il faut fournir deux droits d'attribution : 60 F x 2 = 120 F.

Exemples

– Un actionnaire possède 10 actions anciennes valant au total 1 800 F (10 actions à 180 F). À chaque action ancienne est attaché un droit d'attribution.

Il décide de souscrire à l'augmentation de capital par incorporation de réserves et utilise ses 10 droits d'attribution, ce qui lui permet d'obtenir gratuitement 5 actions nouvelles. Après augmentation, la valeur de son portefeuille s'élève toujours à 1 800 F (15 actions à 120 F).

– Le même actionnaire décide de ne pas souscrire. Il vend alors 60 F chacun de ses 10 droits d'attribution. Après augmentation, la valeur de son portefeuille s'élève à 1 200 F (10 actions à 120 F) et il a reçu 600 F de la vente de ses droits ; il possède toujours au total 1 800 F.

– L'acquéreur des 10 droits d'attribution, payés au total 600 F, les remet à la société et obtient, en contrepartie, sans autre versement, 5 actions nouvelles valant au total 600 F (5 actions à 120 F).

Les emprunts indivis

Le financement à long terme peut être réalisé par fonds propres (internes ou externes) et par emprunts. On distingue les emprunts indivis et les emprunts obligataires.

Définitions

☐ Un emprunt est indivis s'il est contracté auprès d'un seul établissement financier.
☐ Il faut distinguer prêts et crédits : le prêt s'accompagne de versement de fonds, alors que dans le crédit ce versement n'est pas obligatoire. La plupart des prêts sont à long terme (7 à 20 ans), alors que les crédits sont plutôt à moyen terme (2 à 7 ans).
☐ Les prêts sont distribués par des établissements financiers spécialisés, les crédits par les banquiers, sur leurs fonds propres.

Le financement par crédits à moyen terme (2 à 7 ans)

☐ *Taux.* Il est généralement indexé sur le taux de base bancaire (TBB). Le TBB est fixé deux à trois fois par an par le Comité des six (Crédit Lyonnais, BNP, Société Générale, CIC, CCF, Crédit du Nord) : ce taux est une base de référence à laquelle sont ajoutées diverses commissions et une marge, pour obtenir le taux facturé au client.
☐ *Crédits mobilisables, non mobilisables*
– Un crédit est mobilisable s'il est réalisé par émission de billets trimestriels qui peuvent être escomptés auprès d'établissements financiers spécialisés, lesquels peuvent se refinancer auprès de la Banque de France. Ces crédits doivent remplir certaines conditions imposées par la Banque de France.
– Dans un crédit non mobilisable, la banque intervient seule, sans possibilité d'escompte, avec des conditions plus souples.

Le financement par prêts à long terme (7 à 20 ans)

☐ Les prêts sont accordés essentiellement par quatre établissements financiers spécialisés : le Crédit national, SA de droit privé, qui se finance en émettant des emprunts obligataires, le Crédit d'équipement des PME (CEPME), les Sociétés de développement régional (SDR), le Crédit coopératif.
☐ *Relations fondamentales pour la construction du tableau d'amortissement*
Soit : M_0 le capital emprunté à l'époque 0,
M_p le capital restant dû après la p ième annuité,
m_p l'amortissement inclus dans la p ième annuité,
i le taux d'intérêt nominal,
n la durée de l'emprunt,
a_p la p $_{\text{ième}}$ annuité (supposée payée en fin de période p, à l'époque p).

$$(1)\ M_0 = m_1 + m_2 + \ldots + m_n$$

$$(2)\ a_p = M_{p-1} \,.\, i + m_p$$

$$(3)\ a_{p+1} - a_p = M_p \,.\, i + m_{p+1} - M_{p-1} \,.\, i - m_p \qquad \text{avec } M_{p-1} - M_p = m_p$$

$$= - m_p \,.\, i + m_{p+1} - m_p = m_{p+1} - m_p(1+i)$$

$$(4)\ M_0 = a_1(1+i)^{-1} + a_2(1+i)^{-2} + \ldots + a_n(1+i)^{-n}$$

EXEMPLES DE TABLEAU D'AMORTISSEMENT

Emprunt à amortissements constants

$M_0 = 100\,000$ F ; $i = 10\,\%$ l'an ; $n = 5$ ans ; $m_1 = m_2 = \ldots = m_5 = \frac{M_0}{5} = 20\,000$ F.

Années	Capital restant dû en début d'année : (a)	Intérêt : (b) = (a) x 10 %	Amortissement : (c) = 20 000	Annuité : (d) = (b) + (c)	Capital restant dû en fin d'année : (e) = (a) – (c)
1	100 000	10 000	20 000	30 000	80 000
2	80 000	8 000	20 000	28 000	60 000
3	60 000	6 000	20 000	26 000	40 000
4	40 000	4 000	20 000	24 000	20 000
5	20 000	2 000	20 000	22 000	0
		30 000	100 000	130 000	

Emprunt à annuités constantes

$M_0 = 100\,000$ F ; $i = 10\,\%$ l'an ; $n = 5$ ans ; $a_1 = a_2 = \ldots = a_5 = a$.

– La relation (4) (p. 104) donne : $M_0 = a(1+i)^{-1} + a(1+i)^{-2} + \ldots + a(1+i)^{-n}$

$$= a\,\frac{1-(1+i)^{-n}}{i}$$

d'où : $a = M_0 \frac{i}{1-(1+i)^{-n}} = 100\,000 \cdot \frac{0{,}10}{1-(1{,}10)^{-5}} = 26\,379{,}75.$

– La relation (3) (p. 104) donne :

$a_{p+1} - a_p = 0 = m_{p+1} - m_p(1+i) \Leftrightarrow m_{p+1} = m_p(1+i).$

Les amortissements sont en progression géométrique de raison $(1+i) = 1{,}1$.

– La 1re annuité s'écrit :

$a_1 = a = 26\,379{,}75 = 100\,000 \times 10\,\% + m_1 \Rightarrow m_1 = 16\,379{,}75$,

$m_2 = 16\,379{,}75 \times 1{,}1 = 18\,017{,}72$; $m_3 = 18\,017{,}72 \times 1{,}1 = 19\,819{,}50$;

$m_4 = 19\,819{,}50 \times 1{,}1 = 21\,801{,}44$; $m_5 = 21\,801{,}44 \times 1{,}1 = 23\,981{,}59$.

Années	Capital restant dû en début d'année : (a)	Intérêt : (b) = (a) x 10 %	Amortissement : (c) = ci-dessus	Annuité : (d) = (b) + (c)	Capital restant dû en fin d'année : (e) = (a) – (c)
1	100 000	10 000	16 379,75	26 379,75	83 620,25
2	83 620,25	8 362,03	18 017,72	26 379,75	65 602,53
3	65 602,53	6 560,25	19 819,50	26 379,75	45 783,03
4	45 783,03	4 578,31	21 801,44	26 379,75	23 981,59
5	23 981,59	2 398,16	23 981,59	26 379,75	0
		31 898,75	100 000,00	131 898,75	

N.B. : L'annuité comprend l'intérêt calculé sur le capital restant dû en début d'année, plus l'amortissement, qui est un remboursement partiel du capital emprunté.

Les emprunts obligataires ordinaires

On oppose les emprunts obligataires ordinaires aux emprunts obligataires convertibles (p. 108) et aux emprunts obligataires à bons de souscription d'actions (p. 109).

Caractéristiques d'une obligation

L'obligation est un titre de créance à long terme, qui est une partie d'un emprunt collectif et qui rapporte un intérêt fixe ou variable. L'obligation est remboursable à sa valeur nominale (au pair) ou à une valeur supérieure (au-dessus du pair).

☐ La valeur nominale sert de base pour le calcul des intérêts, ou coupon.

☐ Le prix d'émission est le prix payé par le souscripteur. La prime d'émission est la différence entre la valeur nominale et le prix d'émission et la prime de remboursement la différence entre le prix de remboursement et la valeur nominale (p. 10).

☐ Le taux nominal (ou facial) est le taux qui permet le calcul des intérêts (coupon). Le taux peut être fixe ou variable. Le coupon est égal au produit de la valeur nominale par le taux d'intérêt nominal.

☐ La note d'information d'un emprunt indique aussi le taux actuariel, qui est le taux de rentabilité interne de l'investissement en obligation avant prélèvement fiscal.

☐ *Exemple* : obligation de 5 000 F émise à 4 900 F et remboursable dans 10 ans à 5 200 F (taux nominal : 10 % et coupon de 500 F). Le taux actuariel r est donné par :

$$4\,900 = 500\,(1+r)^{-1} + 500\,(1+r)^{-2} + \ldots + 500(1+r)^{-10} + 5\,200\,(1+r)^{-10}$$

On obtient : r = 10,58 %.

Modalités d'amortissement

☐ *Amortissement constant par séries égales* : on amortit chaque année un même nombre de titres.

☐ *Amortissement* in fine : le capital est remboursé en une seule fois à la fin de la durée de vie de l'emprunt.

☐ *Amortissement par annuités constantes* : chaque année, la société verse une même somme, qui sert à payer les intérêts et à rembourser le capital.

Évaluation d'une obligation

Le prix d'une obligation varie en fonction inverse du taux d'intérêt du marché. À tout moment, le prix de l'obligation est égal à la valeur actuelle, au taux du marché, des coupons restant à payer et de la valeur de remboursement.

☐ Posons : P = prix de l'obligation ; C = valeur nominale de l'obligation ; i = taux d'intérêt nominal ; C.i = coupon ; R = valeur de remboursement ; t_m = taux du marché au moment de l'évaluation ; n = nombre d'années restant à vivre pour l'obligation.
On obtient :

$$P = \frac{Ci}{(1+t_m)} + \frac{Ci}{(1+t_m)^2} + \ldots + \frac{Ci}{(1+t_m)^n} + \frac{R}{(1+t_m)^n}$$

☐ Cette formule montre que si le taux du marché t_m augmente, le prix de l'obligation diminue, et inversement. Le cours de l'obligation s'ajuste donc à la hausse, ou à la baisse, pour donner une rentabilité comparable au taux d'intérêt du marché.

LES PRODUITS DE LA FAMILLE DES OBLIGATIONS

Les obligations à fenêtres

Ce sont généralement des obligations à taux fixe, d'une durée de 18 ans, amortissables *in fine*, assorties d'une option de remboursement anticipé, à des échéances préfixées (7, 11 et 14 ans), qui permettent au souscripteur de demander le remboursement de son titre avec une pénalité (dernier coupon réduit), ou à l'émetteur de procéder au remboursement d'office du titre avec une indemnité versée au souscripteur (prime de remboursement). Ainsi, l'émetteur peut rembourser par anticipation en cas de baisse des taux, et le souscripteur peut demander le remboursement anticipé en cas de hausse des taux.

Les obligations à coupon zéro

Elles ne donnent lieu à aucun paiement annuel d'intérêt. La rémunération est constituée par une forte prime de remboursement, différence entre prix de remboursement et prix d'émission. Elles sont favorisées par une fiscalité plus favorable sur les plus-values que sur le revenu.

Les obligations à coupon unique

Elles n'ont qu'un seul coupon, qui réunit tous les intérêts capitalisés et payables en une seule fois au moment du remboursement.

Les obligations spéciales à coupons à réinvestir (OSCAR)

Elles offrent la possibilité de réinvestir les coupons versés, pour souscrire des obligations présentant les mêmes caractéristiques que les obligations d'origine. Elles sont intéressantes pour les souscripteurs en cas de baisse des taux.

Les obligations assimilables du Trésor (OAT)

Ce sont des obligations de durées différentes selon les tranches, avec une clause d'assimilation. Cette clause donne au Trésor la possibilité d'émettre ultérieurement de nouvelles tranches, dont les obligations présentent des caractéristiques identiques à celles des premières tranches (même nominal, même taux, même échéance). Les caractéristiques des OAT sont standardisées : montant nominal : 2 000 F ; taux d'intérêt fixe ou variable ; durée standard à l'émission : 10, 15 et 30 ans pour les OAT à taux fixe, 4 et 12 ans pour les OAT à taux variable.
C'est le principal instrument de gestion à long terme de la dette publique.

Les obligations renouvelables du Trésor (ORT)

Ce sont des titres à intérêts capitalisés, d'une durée de 6 ans, pouvant être échangés au bout de 3 ans contre des obligations d'une nouvelles série. Les intérêts capitalisés sont versés au moment de l'échange et le souscripteur n'est imposable sur les intérêts que lors de ce versement.

Les obligations à bons de souscription d'obligations (OBSO)

Il s'agit d'obligations à taux fixe, assorties d'un bon donnant droit de souscrire ultérieurement à une ou plusieurs obligations de même nature, à des échéances et des prix déterminés. L'OBSO est une obligation classique à laquelle est attachée une option d'achat. Les bons sont cotés séparément de l'obligation. Ainsi, l'OBSO offre au souscripteur une garantie de taux, en cas de baisse ultérieure des taux.

Les quasi-fonds propres

Le marché financier propose de nouvelles formes de valeurs mobilières pour répondre aux besoins des différentes catégories d'investisseurs. L'entreprise peut émettre des titres constituant un habile compromis entre actions et obligations et qui satisfont ces divers besoins.

Les titres participatifs

Ils ont été créés par la loi du 03/01/83, pour permettre aux entreprises du secteur public d'accroître leurs fonds propres sans apport de l'État, en faisant appel à l'épargne et sans modifier la structure de leur capital. Les titres participatifs se rapprochent des obligations. Cependant, ils sont assimilables à des quasi-fonds propres car ils ont deux caractéristiques propres aux actions : ils ne sont pas amortissables et ne sont remboursés qu'en cas de liquidation de la société et après désintéressement de tous les créanciers ; la rémunération comprend une partie fixe et une partie variable indexée sur l'activité ou les résultats.

Les titres subordonnés à durée indéterminée (TSDI)

□ Le PCG les définit ainsi : « Capitaux reçus en application de contrats d'émission qui ne prévoient ni de remboursement à l'initiative du prêteur, ni de rémunération obligatoire en cas d'absence ou d'insuffisance de bénéfices ».
□ Comme précédemment, on retrouve deux caractéristiques propres aux actions : leur non-remboursement et leur rémunération subordonnée aux résultats.
□ Cependant les TSDI se rapprochent des obligations, car ils donnent lieu à paiement d'intérêts déductibles du résultat imposable de l'émetteur.
□ Proches des TSDI, les titres subordonnés remboursables (TSR) s'en distinguent sur deux points : ils sont remboursés à date fixe prévue contractuellement (mais leur émission est renouvelée à l'échéance) et les intérêts ne sont généralement pas subordonnés aux résultats de l'entreprise.

Les obligations convertibles en actions

□ L'obligation convertible est une obligation généralement à taux fixe, qui offre au souscripteur, soit lors du remboursement, soit à tout moment, la possibilité d'échanger l'obligation contre une ou plusieurs actions de la société émettrice de l'emprunt, à un prix fixé au moment de l'émission. Ainsi, une obligation convertible est une obligation assortie d'une option d'achat d'action.
□ La conversion des obligations est réalisée par une augmentation de capital. Si l'obligataire accepte la conversion, il perd la qualité d'obligataire et devient actionnaire. L'émission d'obligations convertibles présente des avantages importants pour la société émettrice :
– l'intérêt versé avant la conversion est inférieur à celui des obligations classiques ;
– l'intérêt est une charge déductible pour l'émetteur ;
– en cas de conversion, l'emprunt disparaît sans affecter la trésorerie.
□ L'obligation convertible s'adresse aux sociétés en croissance, dont les actions ont des potentialités de plus-values importantes.

AUTRES EXEMPLES DE QUASI-FONDS PROPRES

En plus des titres participatifs, des TSDI et des obligations convertibles en actions (présentés p. 108), il existe d'autres produits intermédiaires entre actions et obligations : OBSA, ORA, par exemple. Les comptes courants d'associés peuvent également être analysés comme des quasi-fonds propres.

Les obligations remboursables en actions (ORA) ou en certificats d'investissement (ORCI)

Les obligations ne sont pas remboursables en espèces mais en actions ou en certificats d'investissement (p. 101). Il n'y a pas de possibilité d'option comme pour les obligations convertibles en actions. La société émettrice obtient un financement moins coûteux qu'avec des obligations classiques car le souscripteur accepte un taux d'intérêt plus faible, en contrepartie de la possibilité de devenir actionnaire.

La société peut se réserver la possibilité de procéder à un amortissement anticipé de l'emprunt, pour le cas où les titres émis en remboursement auraient subi une hausse trop importante.

Les comptes courants d'associés

Les associés peuvent contribuer au financement à long terme de la société en souscrivant aux augmentations de capital. Par ailleurs, ils accordent des prêts et avances à la société, en plus de leurs apports en capital.

Ces avances, ou prêts, figurent au passif dans les dettes financières. Financièrement, ce sont des dettes financières non stables, sauf si les associés ont accepté de signer une convention de blocage des fonds en comptes courants à la demande des banques créancières, auquel cas les comptes courants d'associés peuvent être assimilés à des capitaux propres (= quasi-fonds propres).

Les fonds déposés en comptes courants sont rémunérés par des intérêts. Sur le plan fiscal, on a limité la déductibilité de ces intérêts pour la société, afin d'éviter que le financement par capitaux propres ne soit remplacé par des prêts et avances en comptes courants.

Les obligations à bons de souscription d'actions (OBSA)

L'OBSA est une obligation à laquelle sont attachés un ou plusieurs bons (ou warrants) qui donnent la possibilité de souscrire à des actions de la société, à un ou plusieurs prix fixés à l'avance (prix d'exercice) et dans des conditions et délais fixés par le contrat d'émission.

Le souscripteur d'une OBSA est un obligataire doublé d'un actionnaire potentiel. S'il devient actionnaire, il ne perd pas la qualité d'obligataire. Le prix d'émission de l'OBSA comprend le prix de l'obligation (par exemple 5 000 F) et le prix des bons de souscription (par exemple 10 bons de souscription pour 1 400 F), ce qui donne 6 400 F. L'intérêt est calculé sur 5 000 F. Il est prévu que, pendant la période d'exercice du droit de souscription (inférieure à la durée de l'emprunt), on pourra, par exemple, souscrire à une action au prix d'exercice de 6 400 F, dont 5 000 F en espèces et 1 400 F par remise des 10 bons.

L'OBSA est un moyen de financement peu coûteux pour l'émetteur (0 % sur les bons de souscription), permettant une augmentation de capital sans frais.

Le crédit-bail

Le crédit-bail est une forme particulière de financement, qui s'est largement développée. Il permet le financement intégral de l'investissement sans recours aux fonds propres. Un exemple de comparaison entre emprunt et crédit-bail est présenté à la p. 111.

Aspects juridiques

☐ Il s'agit d'un contrat de location passé entre une entreprise et un fabricant de matériel, ou un établissement spécialisé, ou encore une collectivité territoriale, et portant sur un bien immobilier (bâtiment) ou sur un bien mobilier durable (véhicule, machine, etc.). L'entreprise utilisatrice est le locataire du bien.

☐ Cependant, c'est un contrat de location particulier, à distinguer des autres contrats de location : à la fin du contrat, le locataire bénéficie d'une option d'achat qui lui permet, s'il le désire, d'acheter le bien pour un prix déterminé.

Ce n'est donc ni une location simple (où il n'y a pas d'option d'achat) ni une location-vente (pour laquelle l'achat est obligatoire). En fin de contrat, le locataire a le choix entre trois possibilités : lever l'option, c'est-à-dire acheter le bien, ou renouveler le contrat de crédit-bail, ou encore restituer le bien.

☐ *N.B.* : La cession-bail, ou lease-back, est une forme particulière de crédit-bail immobilier : l'entreprise cède une immobilisation dont elle est propriétaire à un établissement de crédit qui la lui loue immédiatement.

Aspects fiscaux

Les loyers sont des charges déductibles du bénéfice imposable, à condition que la période de location, pour les biens meubles, soit conforme à la durée de vie normale. La TVA sur les loyers est facturée par le bailleur et récupérée par le locataire. Bien entendu, le locataire ne peut pas amortir le bien loué puisque ce dernier ne figure pas dans l'actif de son bilan. C'est le propriétaire du bien, c'est-à-dire le bailleur, qui pratique l'amortissement, tant qu'il n'y a pas levée de l'option.

Aspects financiers

☐ *Avantages du crédit-bail.* Il est pratique à mettre en œuvre et il permet de financer les biens à 100 %, alors que l'emprunt ne finance qu'une fraction du prix du bien.
Le bailleur bénéficie d'une meilleure protection, en cas de non-paiement, que le prêteur, puisqu'il est propriétaire du bien.

☐ *Inconvénient du crédit-bail.* Pour le locataire, il est plus coûteux que l'emprunt.

Comparaison entre emprunt et crédit-bail

Le choix des investissements est réalisé en utilisant le critère de la VAN (p. 86). Si l'investissement est rentable économiquement (VAN > 0), on cherche le financement le moins coûteux (emprunt ou crédit-bail par exemple) en calculant le coût de chaque mode de financement représenté par le taux actuariel après impôt, qui égalise l'avantage reçu (montant de l'emprunt, ou valeur du bien reçu en crédit-bail) à la valeur actuelle des décaissements, compte tenu des économies d'impôt.

EXEMPLE

Données : choix entre emprunt et crédit-bail

On veut disposer d'un matériel de 200 000 F, d'une durée de vie de 5 ans, amortissable linéairement. Deux financements sont possibles :

– Emprunt de 100 000 F et financement du surplus par fonds propres. L'emprunt serait contracté au taux de 10 % l'an et remboursable par amortissements constants en cinq annuités de fin de période. Au bout de cinq ans, la valeur vénale du matériel serait nulle. Le tableau d'amortissement de l'emprunt est présenté p. 105.

– Contrat de crédit-bail avec versement de quatre redevances de 54 000 F l'une, au début de chacune des quatre premières années. Il est prévu une option d'achat à la fin de la 4e année, au prix de 25 500 F. Le matériel serait alors intégralement amorti à la fin de la 5e année. Taux de l'impôt sur les bénéfices : 33 1/3 % = 1/3

Taux actuariel r de l'emprunt après impôt (tableau 1)

Flux \ Époques	0	1	2	3	4	5
Avantage reçu : montant de l'emprunt	+ 100 000					
Décaissements = annuités de l'emprunt		– 30 000	– 28 000	– 26 000	– 24 000	– 22 000
Économies d'impôt dues aux intérêts $= \frac{1}{3}$ x intérêts		+ 3 333	+ 2 667	+ 2 000	+ 1 333	+ 667
Flux nets de trésorerie	+ 100 000	– 26 667	– 25 333	– 24 000	– 22 667	– 21 333

À partir du tableau 1 ci-dessus, calculez le taux actuariel r de l'emprunt après impôt.

Corrigé p. 155

Taux actuariel r du crédit-bail après impôt (tableau 2)

Flux \ Époques	0	1	2	3	4	5
Avantage reçu : valeur de l'investissement	+ 200 000					
Décaissements = redevances de crédit-bail	– 54 000	– 54 000	– 54 000	– 54 000		
Économies d'impôt $= \frac{1}{3}$ x redevances		+ 18 000	+ 18 000	+ 18 000	+ 18 000	
Achat du matériel = levée de l'option					– 25 500	
Économie d'impôt sur amortissement $= \frac{1}{3}$ x 25 500						+ 8 500
Pertes sur économie d'impôt dues au non-amortissement : $(200\,000 \times \frac{1}{5}) \times 33\ 1/3\ \%$		– 13 333	– 13 333	– 13 333	– 13 333	– 13 333
Flux nets de trésorerie	146 000	– 49 333	– 49 333	– 49 333	– 20 833	– 4 833

À partir du tableau 2 ci-dessus, calculez le taux actuariel r du crédit-bail après impôt. Choisir entre emprunt et crédit-bail.

Corrigé p. 155

Le plan de financement

Le plan de financement rassemble les flux qui proviennent des décisions d'investissement et des décisions de financement à long terme (horizon de cinq ans). Les premières concernent l'allocation des ressources et la structure du portefeuille d'actifs, les secondes la répartition entre fonds propres et endettement.

Présentation fonctionnelle

□ Le plan de financement est un tableau de flux prévisionnels. On peut définir une présentation du plan de financement en reprenant les schémas figurant dans l'étude des tableaux de financement.

□ Si l'on retient le schéma correspondant à la conception fonctionnelle, structuré autour des concepts de FR fonctionnel, BFR et trésorerie, on obtient une présentation fonctionnelle standard généralement adoptée par les organismes financiers. En voici un modèle bouclant sur la variation de trésorerie :

Emplois (évaluation p. 113)	N	N + 1	N + 2
Dividendes distribués Investissements Remboursements d'emprunts Variation du BFRE I - Total des emplois			
Ressources (évaluation p. 113)			
Capacité d'autofinancement Cessions d'actif Apports en capital Subventions d'investissement Crédits à long et moyen terme Variation du BFRHE II - Total des ressources			
III - Soldes annuels : II – I IV - Trésorerie initiale V - Trésorerie finale: III + IV			

Utilisations du plan de financement

□ Il permet de contrôler l'équilibre et la cohérence des ressources et des emplois à long terme, dans un avenir incertain. On doit tenir compte des risques, en raison du degré d'incertitude concernant les emplois et les ressources.

□ Il est utile pour négocier l'obtention de ressources externes auprès des actionnaires ou des établissements financiers.

□ Il constitue un instrument de prévention des difficultés des entreprises. En particulier, la loi du 1er mars 1984 impose aux entreprises un plan de financement annuel (voir p. 78).

CONSTRUCTION DU PLAN DE FINANCEMENT

Procédure

– On évalue d'abord les besoins à financer et on détermine ainsi le montant des financements externes nécessaires. Puis on définit les nouveaux financements permettant d'équilibrer le plan de financement. Mais ces nouveaux financements ont un effet sur les emplois à financer et même sur les autres ressources. Ainsi, par exemple :

• un nouvel emprunt doit être remboursé (d'où augmentation des emplois),

• mais le nouvel emprunt engendre des frais financiers (d'où amputation de la capacité d'autofinancement).

• En pratique, on établit deux plans de financement :

• un premier plan, en ne tenant compte que des ressources internes (CAF + cessions), qui aboutit à des déséquilibres et qui permet de prévoir les financements externes nécessaires ;

– un deuxième plan, avec les ressources externes prévues pour réaliser l'équilibre.

Évaluation des besoins (= emplois)

– *Dividendes.* Leur évaluation dépend de la politique de l'entreprise en matière de distribution. On tiendra compte de l'accroissement des dividendes engendré par les augmentations de capital.

– *Investissements.* On retient le montant hors taxes, la TVA déductible étant prise en compte dans la variation du BFRHE, qui constitue généralement une ressource nette (voir ci-dessous).

– *Remboursements d'emprunts.* On tient compte d'abord du remboursement des anciens emprunts, puis on corrige en fonction du remboursement des nouveaux emprunts.

– *Variation du BFRE.* On la détermine en calculant le BFRE normatif (voir p. 40) et en appliquant le résultat obtenu à la variation du niveau probable d'activité (Δ CAHT).

Évaluation des ressources

– *Capacité d'autofinancement* (= CAF). La CAF prévisionnelle doit être calculée à partir de l'EBE :

CAF prévisionnelle = EBE + produits financiers encaissables – charges financières décaissables – impôt sur les bénéfices.

Le calcul de l'impôt dépend des dotations aux amortissements qui seront enregistrées dans le futur et des charges d'intérêt qui dépendent du niveau de l'endettement.

– *Cessions d'actif.* Elles sont enregistrées pour leur montant probable.

– *Augmentations de capital.* Elles sont évaluées pour le montant qui sera effectivement reçu, après déduction des frais d'augmentation de capital.

– *Emprunts et crédits nouveaux.* Ils sont retenus pour le montant des fonds réellement collectés, frais d'émission déduits.

– *Variation du BFRHE.* Le BFRHE est généralement une ressource nette qui comprend, en particulier, la dette envers l'État apparaissant en fin d'exercice et relative à l'impôt sur les bénéfices (IS) :

Dette IS au 31/12/N = impôt N – 4 acomptes versés en N, au titre de l'exercice N.

Remarque sur l'équilibre final

Si l'on fait appel au crédit-bail pour l'équilibre final du plan de financement, on supprimera dans les emplois l'immobilisation et on déduira de la CAF les redevances après impôt.

L'escompte des effets de commerce

L'escompte constitue la forme la plus ancienne du financement par mobilisation de créances commerciales (autres formes : crédits de trésorerie et financements divers).

L'escompte est la forme de crédit à court terme la plus répandue en France

☐ Le crédit d'escompte porte sur des effets de commerce, c'est-à-dire des lettres de change, ou traites, et des billets à ordre. L'entreprise qui a besoin d'argent remet à sa banque, en les endossant, les effets qu'elle détient en portefeuille. Le banquier, en contrepartie, crédite le compte de l'entreprise des montants figurant sur les effets, déduction des agios (commissions et charges d'intérêt) ; il assure lui-même le recouvrement des créances à la date d'échéance des effets. En cas de non-paiement, il débitera le compte de l'entreprise du montant des effets impayés.
☐ Pour être escomptés, les effets doivent être à moins de 90 jours et revêtus, en principe, de deux signatures. La banque fixe à l'entreprise un plafond d'escompte, fonction du chiffre d'affaires et du crédit moyen accordé aux clients.

Le coût de l'escompte

Les agios comprennent les frais financiers (l'escompte proprement dit), les commissions et les taxes. En plus de la commission d'endos (voir ci-dessous), une commission de manipulation, fixe par effet, rémunère le travail de la banque. L'escompte proprement dit est calculé comme suit :

$$\text{Escompte} = \text{valeur nominale x taux d'escompte x} \frac{\text{nombre de jours}}{360}$$

☐ Le taux d'escompte est déterminé en ajoutant au taux de référence (TR), égal soit au taux de base bancaire (TBB, p. 104), soit au taux du marché monétaire (taux moyen mensuel TMM, ou taux interbancaire offert à Paris TIOP) :
la commission d'endos de 0,6 % ; une majoration spécifique à l'escompte (0,4 %) ; la taxe sur les en-cours de crédit (0,10 %) ; la majoration catégorielle d'entreprise qui dépend de la situation financière de l'entreprise.
☐ Le nombre de jours est calculé entre la date de remise à l'escompte (exclue) et la date d'échéance (incluse), en ajoutant deux jours supplémentaires, dits jours de banque (par négociation on peut obtenir 1 ou 0 jour de banque), avec un minimum de 10 jours. Par exemple : escompte le 22 mai d'un effet échéant le 15 juillet ; le nombre de jours est de : 31 – 22 = 9 jours en mai, plus 30 jours en juin, plus 15 jours en juillet, plus 2 jours de banque, soit 56 jours au total.

Avantages et inconvénients de l'escompte

Il est obtenu facilement par l'entreprise en raison des garanties offertes au banquier ; de plus, c'est un crédit peu coûteux et le recouvrement est assuré par la banque. Mais c'est une forme de crédit qui manque de souplesse et qui complique la gestion des crédits à la clientèle (difficultés dues aux retards, aux impayés, notamment).

COÛT RÉEL DE L'ESCOMPTE

Exemple

Le 10 octobre, la société X escompte une traite de 63 000 F, échéant le 18 novembre suivant. Conditions d'escompte : taux d'escompte 13 %, non compris la commission d'endos de 0,6 % ; jour de banque : 1 ; commission de manipulation : 16 F par effet.

Calcul des agios

Les agios comprennent l'escompte et la commission de manipulation.

– *Escompte* (y compris la commission d'endos)

• Taux d'escompte : 13 % + 0,6 % = 13,6 %.

• Nombre de jours pendant lequel est calculé l'escompte :

– en octobre : du 10 octobre (exclu) au 31 octobre	= 31 – 10 =	21 jours
– en novembre : du 1er novembre au 18 novembre	=	18 jours
– jour de banque	=	1 jour
TOTAL	=	40 jours

$$\text{Escompte} = 63\,000\text{ F} \times 13{,}6\,\% \times \frac{40}{360} = 952\text{ F}$$

– *Commission de manipulation* 16 F

AGIOS = 968 F

La société est créditée de : 63 000 F – 968 F = 62 032 F, valeur *11 octobre*.

Calcul du taux réel (intérêts simples)

Dans l'opération d'escompte, la société X reçoit 62 032 F valeur 11 octobre.
Si elle n'avait pas escompté l'effet, elle aurait été créditée par la banque de la valeur nominale (63 000 F) 4 jours après la date d'échéance, soit le 22 novembre.
La durée du crédit court entre le 11 octobre et le 22 novembre, bornes comprises, soit :

– en octobre :	du 11 (inclus) au 31	=	21 jours
– en novembre :		=	22 jours
	TOTAL	=	43 jours

Si t est le taux réel de l'escompte, on aura : $968 = 62\,032 \times t \times \frac{43}{360}$.
On obtient : **t = 13,06 %**.

Calcul du taux actuariel (intérêts composés)

Si t_j est le taux actuariel pour 1 jour, on aura :

62 032 = valeur actuelle au taux t_j de 63 000, dans 43 jours

soit : $$62\,032 = 63\,000\,(1 + t_j)^{-43} \Leftrightarrow (1 + t_j)^{43} = \frac{63\,000}{62\,032} = 1{,}0156$$

On obtient : $t_j = 0{,}036\,\%$. Le taux actuariel annuel équivalent t_a est donné par :

$$1 + t_a = (1 + 0{,}036\,\%)^{365}$$

On trouve $t_a = 14{,}04\,\%$ (sur 365 jours). Le calcul, fait sur 360 jours au lieu de 365 jours, donnerait : $\mathbf{t_a = 13{,}83\,\%}$.

Autres formes de mobilisation de créances

Le financement par mobilisation de créances commerciales peut revêtir d'autres formes que l'escompte : le CMCC, la cession « Dailly », la LCR, l'affacturage.

Le crédit de mobilisation des créances commerciales (CMCC)

Le CMCC permet d'escompter non pas des créances individualisées, comme dans l'escompte des effets de commerce, mais un ensemble de créances (factures ayant des échéances rapprochées) regroupées dans un billet de trésorerie émis à l'ordre d'une banque. Le banquier escompte ce billet.

La cession de créances professionnelles (loi Dailly)

La loi Dailly (1981), révisée par la loi bancaire (1984), constitue une procédure de cession de créances à titre d'escompte ou à titre de garantie : l'entreprise inscrit sur un bordereau l'ensemble des créances qu'elle détient et qu'elle cède, que ces créances soient commerciales ou non, à court, moyen, long terme, sur la France ou sur l'étranger. Le bordereau, remis à la banque, transfère à celle-ci la propriété des créances, les sûretés garantissant chaque créance. Le cédant est garant solidaire du paiement des créances cédées. Ce procédé se développe actuellement.

La lettre de change relevé (LCR)

Elle possède les principaux caractères et les mêmes avantages que la traite traditionnelle. Mais elle est stipulée sans frais et les échéances sont fixes (les 5, 10, 15, 20 et fin de mois). La LCR reprend sur une bande magnétique toutes les créances clients d'une entreprise. Cette bande est déposée auprès de la banque du tireur (créancier) et remise par celle-ci à l'ordinateur de compensation de la Banque de France. Ainsi, le banquier du tiré (débiteur) est avisé à l'avance des effets à échéance : il envoie au tiré un relevé des remises présentées et celui-ci retourne son bon à payer. Le procédé est moins coûteux que l'escompte classique.

L'affacturage

☐ C'est un contrat qui constate un transfert de propriété de créances commerciales du titulaire des créances (le vendeur) à une société spécialisée (le *factor*) et qui garantit la bonne fin de l'opération (recouvrement et paiement des créances). Le *factor* devient propriétaire des factures du vendeur, ce dernier n'ayant plus à intervenir dans la gestion des comptes clients. Dans la comptabilité du vendeur, le compte unique au nom du *factor* remplace à l'actif les comptes clients.

☐ Le financement par le *factor*. À tout moment le vendeur peut réclamer au *factor* le paiement des factures dont la propriété lui a été transférée. Il peut attendre que le *factor* ait encaissé les factures et, dans ce cas, il n'utilise pas le crédit affecté.

☐ Le coût de l'affacturage est formé de deux éléments : la rémunération des services (= commission d'affacturage) et la rémunération du financement (= commission de bordereau + commission spéciale de financement). Le coût de l'affacturage est relativement élevé : entre 0,5 et 1,5 % du chiffre d'affaires cédé.

COÛT RÉEL DE L'AFFACTURAGE

Exemple

Le client d'une société d'affacturage demande le 25 mars que ses factures, d'un montant de 600 000 F, soient réglées par chèque (pas de commission de bordereau dans ce cas). Les conditions suivantes sont appliquées :

- commission spéciale de financement : 11 % (les intérêts sont payés d'avance et calculés sur le montant effectif du chèque) ;
- les chèques sur place sont crédités J + 2 (deux jours plus tard) ;
- on suppose que le chèque est émis le 25 mars et qu'il est remis en banque le 27 mars (délais postaux) ;
- date d'échéance des factures financées : 13 juin.

Solution

– La commission spéciale de financement est calculée par anticipation (intérêts payés d'avance) sur le montant effectif du financement, c'est-à-dire sur le montant du chèque. Soit X ce montant :

$$(1) \qquad X = 600\,000 - \text{commission} = 600\,000 - X \times 11\,\% \times \frac{\text{nombre de jours}}{360}$$

– Le nombre de jours est calculé depuis la date d'émission du chèque (exclue) jusqu'à la date d'échéance des factures financées (incluse), soit :

• en mars : du 25 (exclu) au 31 mars = 31 – 25	=	6 j
• en avril	=	30 j
• en mai	=	31 j
• en juin, jusqu'au 13 juin	=	13 j
TOTAL	=	80 j

– À partir de (1), on obtient : X = 585 683,30 F et commission = 600 000 – 585 683,30 = 14 316,70 F

– La commission ci-dessus correspond à des intérêts perçus d'avance. En réalité, le montant total de la commission est à calculer sur 600 000 F, soit : $600\,000 \times 11\,\% \times \frac{80}{360} = 14\,666{,}67$ F (valeur 13 juin).

Calcul du taux réel de l'affacturage

Dans cette opération, l'entreprise reçoit 585 683,30 F, valeur 29 mars (le chèque remis le 27 mars à la banque est crédité J + 2, soit le 29 mars). Le financement lui coûte 14 666, 67 F au total et se termine à la date d'encaissement par le *factor* des règlements des factures (13 juin). Cette durée est de 76 jours (3 j en mars + 30 j en avril + 31 j en mai + 12 j en juin).

Si t est le taux réel de l'affacturage, on aura : $14\,666{,}67 = 585\,683{,}30 \times t \times \frac{76}{360}$

On obtient : **t = 11,86 %**

Le découvert

Outre la mobilisation de créances, les crédits de trésorerie constituent une source de financement à court terme. On distingue les crédits de trésorerie spécialisés et non spécialisés. Le découvert est un crédit de trésorerie non spécialisé et non mobilisable présentant une très grande souplesse.

Définition

☐ Les crédits de trésorerie non spécialisés, qui sont accordés pour couvrir des besoins non définis, peuvent revêtir la forme de billets de trésorerie (voir p. 120), ou la forme d'avances en compte, c'est-à-dire de découverts.

☐ Le découvert se matérialise par un solde débiteur (= découvert) sur le compte courant bancaire de l'entreprise, autorisé par la banque pendant une durée de quelques mois. Le banquier accorde à son client, souvent verbalement, un plafond de découvert qui peut être modifié à tout moment. Les accords de découvert sont généralement verbaux et non confirmés. Lorsque le découvert est de courte durée (inférieure à un mois), il constitue une facilité de caisse accordée pour des échéances difficiles.

Le coût du découvert

☐ *Intérêts débiteurs*

La banque établit tous les trimestres un relevé des opérations réalisées avec l'entreprise, classées par dates de valeur, avec mouvements et soldes du compte. Ce relevé permet de calculer les intérêts débiteurs comme suit :

$$\text{Intérêts débiteurs} = \text{solde débiteur} \times \frac{\text{nombre de jours}}{360} \times \frac{\text{taux du découvert}}{100}$$

On appelle nombre débiteur le produit N = solde débiteur x nombre de jours.

$$\text{Intérêts débiteurs} = N \times \frac{\text{taux du découvert}}{36\,000}$$

Dans le relevé, chaque ligne (= chaque opération) donne un solde débiteur ou créditeur et un nombre de jours jusqu'à l'opération suivante. On multiplie sur chaque ligne le solde par le nombre de jours pour obtenir les nombres débiteurs ou créditeurs. En bas du tableau, on fait la somme des nombres débiteurs (ΣN) qui, multipliée par le rapport : taux du découvert/36 000, donne le total des intérêts débiteurs. Le taux du découvert dépend de quatre éléments : le taux de référence TR (voir p. 114), la majoration spécifique (1,45 %), la taxe sur les en-cours (0,10 %), la majoration catégorielle qui dépend de la situation financière de l'entreprise.

☐ *Commissions*. Elles comprennent : la commission de plus fort découvert (CPFD), sur le solde débiteur le plus élevé de chacun des mois du trimestre, au taux de 0,05%, plafonnée à 50 % des intérêts débiteurs ; la commission de mouvement (ou commission de compte), sur la somme des mouvements débiteurs du trimestre, au taux de 0,025 %, soumise à la TVA au taux de 20,6 %.

Avantage et inconvénient du découvert

☐ Avantage essentiel : sa souplesse d'utilisation (il s'adapte exactement au besoin).

☐ Inconvénient : taux du découvert > taux d'escompte (voir p. 123)

COÛT RÉEL DU DÉCOUVERT

Exemple

Soit un emprunteur dont le taux du découvert est de 12 % (taux apparent annuel). Selon l'utilisation du crédit obtenu, le coût réel va varier de 12,6 % à 18 % en raison de la commission de plus fort découvert (CPFD).

Coût réel minimum

Le coût réel sera minimum si le montant du découvert reste stable, à un niveau constant. Supposons que le découvert reste stable pendant toute l'année, au niveau de 50 000 F.

La CPFD, au taux de 0,05 %, s'appliquera à 50 000 F et coûtera pour les douze mois de l'année : 50 000 x 0,05 % x 12 = 50 000 x 0,6 % = 300 F

Les intérêts débiteurs annuels vaudront = 50 000 x 12 % = 6 000 F

Au total, le coût réel sera de 12,6 % de 50 000 F, soit 12 % + 0,6 %

Coût réel minimum = taux du découvert + (taux de la CPFD x 12)

Coût réel minimum = taux du découvert + 0,6 %

Coût réel maximum

Le coût réel sera maximum lorsque le niveau du découvert présentera de grandes variations avec des pointes très marquées par rapport à l'utilisation moyenne du crédit. Supposons que le niveau moyen soit de 10 000 F sur l'année, alors que le plus fort découvert atteint 120 000 F chaque mois (hypothèse extrême). La CPFD vaudra :

120 000 x 0,05 % x 12 = 720 et les intérêts débiteurs : 10 000 x 12 % = 1 200

La CPFD étant limitée à 50 % des intérêts débiteurs (soit ici 600 F), le coût réel sera de :

$$\frac{1\,200 + 600}{10\,000} = 12\,\% + \frac{1}{2} \times 12\,\% = 18\,\%$$

Coût réel maximum = taux du découvert x 1,5

Hypothèse intermédiaire

Considérons une entreprise ayant un découvert trimestriel moyen de 50 000 F. Les plus forts découverts mensuels ont été les suivants : mois 1 : 130 000 F ; mois 2 : 400 000 F ; mois 3 : 650 000 F. Taux du découvert = 14 %

– Intérêts débiteurs = 50 000 x 14 % x 3/12 =	1 750
– Commission de plus fort découvert : (130 000 + 400 000 + 650 000) x 0,05 % =	590
TOTAL	2 340

Le coût réel est donc, sur la base annuelle : $\frac{2\,340 \times 4}{50\,000}$ = **18,72 %**

Taux actuariel

Soit un financement de 50 000 F par découvert assuré du 10 au 31 mars (22 jours) au taux de 11,55 % (découvert remboursé le 1er avril).

Calculez le taux actuariel annuel.

Corrigé p. 156

Les crédits de trésorerie

Le financement par crédits de trésorerie peut revêtir d'autres formes que le découvert (p. 118) en distinguant :
– les crédits de trésorerie spécialisés, mobilisables,
– les crédits de trésorerie non spécialisés, mobilisables ou non.

Les crédits de trésorerie spécialisés

☐ *Les crédits de campagne.* Ils ont la forme de billets mobilisables et financent les besoins d'exploitation liés aux fluctuations saisonnières (crédits variables dans leur montant et leur durée selon besoins).

☐ *Les crédits sur stocks.* Ils prennent la forme d'un warrant. Les crédits sont gagés par les stocks normalement déposés dans les magasins généraux qui remettent un récipissé-warrant. Le récipissé est le titre de propriété et le warrant un billet à ordre garanti par les stocks. Le warrant peut être escompté par la banque.

☐ *Les crédits de préfinancement des marchés publics et à l'exportation.* Les premiers sont réalisés avec l'aval inconditionnel ou conditionnel du CEPME (Crédit d'équipement des PME), les seconds financent des commandes importantes de l'étranger, avec le concours de la BFCE (Banque française du commerce extérieur).

Les crédits de trésorerie non spécialisés : les billets de trésorerie

En dehors du découvert (p. 118), les crédits de trésorerie non spécialisés prennent la forme de billets de trésorerie émis par les entreprises. Les billets de trésorerie (BT) furent créés lors de la réforme du marché des capitaux en 1985 (p. 99).

☐ *Caractéristiques des billets de trésorerie.* Le billet de trésorerie est un titre de créance négociable au porteur, émis par une entreprise, constatant une créance productive d'intérêts que l'émetteur s'engage à rembourser à une échéance déterminée. La durée varie entre 10 jours et 7 ans maximum (en pratique, un mois ou deux). Le montant minimum est de 1 million de francs. Les intérêts sont généralement précomptés (voir-ci contre). Les billets de trésorerie peuvent être émis en dessous du pair, avec une prime d'émission, ou remboursés au-dessus du pair avec une prime de remboursement.

☐ *Émission des billets de trésorerie.* Peuvent émettre des billets de trésorerie les entreprises autres que les établissements financiers, ayant deux années d'existence au moins, et ayant établi deux bilans certifiés, sous réserve de remplir les conditions fixées par décret. Trois méthodes sont utilisées pour l'émission des BT : le placement direct sans intermédiaire bancaire, l'achat ferme d'une certaine quantité de billets par des banques qui les placent auprès de leurs clients, le placement pur et simple par les banques.

☐ Avantages des billets de trésorerie pour l'émetteur. Les entreprises peuvent obtenir un financement directement sur le marché monétaire ; le coût du financement est proche de celui du marché monétaire, plus faible que celui des crédits bancaires classiques ; facilement renouvelables, les billets de trésorerie s'apparentent à un crédit *revolving* s'adaptant aux besoins et remplaçant le découvert ; ce financement procure aux entreprises une plus grande autonomie à l'égard des banquiers.

BILLETS DE TRÉSORERIE : CALCUL DES INTÉRÊTS PRÉCOMPTÉS

Exemple

Une entreprise émet le 10 mars un billet de trésorerie aux conditions suivantes : montant 10 millions de F (10 MF), taux annuel : 8 %, échéance : 10 avril.
Pour un billet d'une durée inférieure à un an, les intérêts sont précomptés. Cela signifie qu' à l'échéance du billet, l'émetteur paie au souscripteur le nominal du billet, soit 10 millions de F, les intérêts venant en diminution du prix payé par le souscripteur, à l'émission.

10 mars	n jours	10 avril
Le souscripteur paie une somme x		L'émetteur du billet rembourse le nominal N

Intérêts i sur la somme x pendant n jours, à t %

On obtient : $x = N - i \Leftrightarrow N = x + i$

$$\text{avec } i = x \cdot \frac{t}{100} \cdot \frac{n}{360} = x \cdot \frac{t.n}{36\,000}$$

$$\text{d'où : } N = x + i = x + x \cdot \frac{tn}{36\,000} = x\left(1 + \frac{tn}{36\,000}\right) \Leftrightarrow x = \frac{N}{1 + \frac{tn}{36\,000}} \quad (1)$$

Solution

Le nombre de jours n entre le 10 mars et le 10 avril est calculé comme suit :

– du 10 mars au 31 mars = 31 – 10	=	21 j
– du 1er avril au 10 avril	=	10 j
TOTAL		31 j

Le prix x payé par le souscripteur est calculé à partir de (1) :

$$x = \frac{10\,000\,000}{1 + \frac{8 \times 31}{36\,000}} = 9\,931\,582{,}43 \text{ F et } i = N - x = 68\,417{,}57 \text{ F}$$

Cession avant l'échéance : taux de rendement pour le souscripteur

Le souscripteur peut vendre le billet sur le marché secondaire au taux en vigueur sur ce marché à la date de cession, par exemple 7,75 % (date de cession = 21 mars, soit 20 jours avant l'échéance). Il encaissera :

$$\frac{10\,000\,000}{1 + \frac{7{,}75 \times 20}{36\,000}} = 9\,957\,129{,}03$$

Entre le 10 mars et le 21 mars (11 jours), il a gagné = 9 957 129,03 – 9 931 582,43 = 25 546,6 F, soit un taux de rendement t tel que :

$$9\,931\,582{,}43 \cdot \frac{t}{100} \cdot \frac{11}{360} = 25\,546{,}6 \text{ F, soit } \mathbf{t = 8{,}42\ \%}$$

La gestion de trésorerie (1)

Les besoins de trésorerie sont déterminés grâce au plan de trésorerie (ou au budget de trésorerie). Le plan de trésorerie est le complément du plan de financement (p. 112). Il permet de coordonner les décisions courantes d'exploitation et de financement à court terme dans un cadre annuel.

Le plan de trésorerie

□ Le plan de trésorerie est un document où sont recensés mensuellement, sur un horizon de plusieurs mois, les mouvements, recettes et dépenses, affectant la trésorerie de l'entreprise, de façon à faire apparaître le solde de la trésorerie à la fin de chaque mois. Si l'entreprise a mis sur pied un système budgétaire, les prévisions de trésorerie seront faites dans le budget de trésorerie, qui réalise la synthèse des différents budgets (ventes, achats, production, investissements, etc.).
□ Parmi les recettes et les dépenses de l'entreprise, apparaissent les encaissements et les décaissements liés au cycle d'exploitation (ventes, achats, flux d'exploitation, etc.) et inscrits à leur date de règlement effectif. Il faut tenir compte aussi des mouvements de trésorerie hors exploitation engendrés par les investissements et les opérations de financement à long terme (acquisitions et cessions d'éléments d'actif, emprunts émis et remboursés, paiement des dividendes, etc.).

La gestion des déficits

Si le plan de trésorerie fait apparaître des déficits sur certains mois, il faudra recourir à des financements à court terme. Le choix entre les différents modes de financement se fera en fonction de leur coût global (et non seulement de leur taux), de leur souplesse, de leur facilité d'utilisation. Généralement, l'ordre de préférence est le suivant : 1) mobilisation de créances à l'exportation ; 2) escompte ; 3) crédits de trésorerie ; 4) découvert. Pour arbitrer entre les différents modes de financement, on utilisera les procédures de calcul présentées précédemment (escompte p. 115 ; affacturage p. 117 ; découvert p. 119 ; billets de trésorerie p. 121). Si les besoins sont permanents, l'escompte est moins coûteux que le découvert. Dans tous les cas, une règle de bonne gestion conduit à minimiser l'amplitude des fluctuations des soldes débiteurs et créditeurs, qui engendre des coûts trop importants.

La gestion des excédents

□ *Placement sur un compte rémunéré* (compte à terme). Cette solution est peu utilisée si le rendement est inférieur au taux du marché monétaire.
□ *Règlement des fournisseurs au comptant.* L'entreprise doit arbitrer entre un règlement à crédit et un règlement au comptant assorti d'un escompte.
□ *Achats de parts de SICAV monétaires ou de parts de fonds communs de placement (FCP).* Cette forme de placement est actuellement développée, car la valeur des parts croît avec le temps à un rythme voisin du taux du marché monétaire.
□ *Achats de titres de créances négociables.* Ils comprennent : les billets de trésorerie, les certificats de dépôts, les bons des sociétés et institutions financières, les bons du Trésor négociables. Leur durée est de 10 jours à 7 ans.

ARBITRAGE ENTRE ESCOMPTE ET DÉCOUVERT

Exemple

L'entreprise Noël prévoit un déficit stable de 100 000 F du 4 mai inclus au 26 mai inclus. Elle veut choisir entre escompter des effets en portefeuille, ou laisser le compte à découvert.

– *Contenu du portefeuille d'effets :*
  - une traite de 45 000 F, date d'échéance : 31 mai ;
  - une traite de 35 000 F, date d'échéance : 31 mai ;
  - une traite de 25 000 F, date d'échéance : 15 juin.

– *Conditions d'escompte* : taux 13 %, non compris la commission d'endos de 0,6 % ; commission de manipulation : 16 F par effet ; jour de banque : 1.

– *Conditions de découvert* : taux du découvert : 15 % ; commission de plus fort découvert : 0,05 %.

Solution 1 : escompte des trois effets (l'escompte des traites est réalisé le 3 mai, date de valeur le 4 mai).

– *Taux d'escompte* : 13 % + 0,6 % = 13,6 %

– *Nombre de jours* : du 3 mai (exclu) au 31 mai = 28 jours
jour de banque 1 jour
Total = 29 jours

Pour la traite de 25 000 F, échéance 15 juin, le nombre de jours est augmenté de 15 jours = 29 + 15 = 44 jours.

– *Calcul des agios* :
  - escompte des deux premières traites
    $= (45\,000 + 35\,000) \times 13,6\,\% \times \frac{29}{360} =$ 876,44
  - escompte de la 3ᵉ traite
    $= 25\,000 \times 13,6\,\% \times \frac{44}{360} =$ 415,56
  - commission de manipulation
    $= 16 \times 3 =$ 48

Coût total = **1 340,00**

L'entreprise est créditée de : 105 000 F – 1 340 F = 103 660 F, ce qui laisse un léger excédent de trésorerie de : 103 660 F – 100 000 F = 3 660 F (difficile à placer).

Solution 2 : découvert pour le total du déficit

– *Intérêts débiteurs* : $100\,000 \times 15\,\% \times \frac{23}{360} =$ 958,33

– *CPFD* = 100 000 x 0,05 % = 50,00

Coût total = **1 008,33**

Conclusion : Le financement du déficit par découvert intégral est, dans ce cas, la solution la moins coûteuse ; cette solution doit être retenue.

La gestion de trésorerie (2)

Le rôle du trésorier est de gérer le solde de trésorerie. Ce solde dépend des dates de valeur des opérations, dates de valeur à la base de la tarification bancaire. Pour être efficace, l'activité du trésorier doit s'appuyer sur des prévisions très fines, au jour le jour.

Les dates de valeur

□ Les principales dates de valeur appliquées par les banques françaises, et qui peuvent faire l'objet d'une négociation, sont indiquées ci-contre (p. 125).

□ *Jours calendaires, ouvrables, ouvrés.* Les jours de valeur peuvent être des jours calendaires (= jours du calendrier, samedi et dimanche compris), des jours ouvrables (= jours de travail légaux), des jours ouvrés (= les précédents, moins les samedis et jours de congés). Cinq jours ouvrés correspondent à sept jours calendaires, et parfois plus.

□ *Évolution du système des dates de valeur.* La suppression du système des dates de valeur lors des dépôts et des retraits d'espèces a été décidée. La Cour de cassation a, en effet, déclaré illégale la pratique des dates de valeur sur les mouvements d'espèces, mais non sur les chèques. À moyen terme, pourraient être concernées également les dates de valeur concernant les virements et les titres interbancaires de paiement (TIP), et même celles portant sur les chèques. Globalement, le système des dates de valeur rapporte aux banques françaises de 6 à 10 milliards de francs par an, en fonction des taux d'intérêt. Pour une entreprise, le gain d'un jour ouvré sur les ventes et d'un jour ouvré sur les achats et autres dépenses correspond à un gain d'environ trois jours calendaires de chiffre d'affaires, soit 3/365 = 0,8 % du chiffre d'affaires. Pour un chiffre d'affaires de 100 millions de francs, la trésorerie s'accroît de 800 000 F.

La gestion de trésorerie au jour le jour

□ *Les difficultés de la prévision au jour le jour*

– La prévision doit être effectuée pour chaque compte en dates de valeur ; or les dates précises des entrées et des sorties de fonds sont incertaines.

– Elle concerne tous les mouvements affectant chaque compte, mais les soldes effectifs ne sont connus qu'avec retard et il sera impossible de faire disparaître des soldes négatifs par des virements instantanés en raison des dates de valeur.

□ Un tableau hebdomadaire pour chaque compte en banque rassemble les prévisions chiffrées et donne le solde quotidien en valeur (voir p. 125).

□ *Les techniques de prévision au jour le jour*

– Certaines opérations sont connues avec certitude quant à leur date et leur montant : remises de chèques, de traites à l'encaissement, émission de virements.

– D'autres opérations sont affectées d'un degré d'incertitude plus ou moins élevé concernant leur date et il faudra recourir à l'utilisation de méthodes statistiques. Par exemple, le trésorier pourra établir une loi de distribution des délais d'encaissement pour les chèques émis par l'entreprise en règlement de dépenses ou de dettes ; de même, une loi de distribution sur l'encaissement des effets domiciliés sera élaborée par le trésorier de l'entreprise débitrice (date de débit en compte).

ILLUSTRATIONS

Principales dates de valeur généralement retenues

Le tableau ci-dessous indique le nombre de jours à ajouter ou à retrancher à la date de l'opération, avec : JC = jour calendaire = jour du calendrier,
JO = jour ouvrable = jour d'ouverture de la banque.

Opérations	Encaissement (crédit)	Paiement (débit)
Chèques	sur place : + 2 JO hors place : + 5 JO	date de compensation : – 2 JO
Virements	date de réception : + 1 JC	date d'opération : – 1 JC
Effets	à l'encaissement : échéance : + 4 JO à l'escompte : remise : + 1 JC	date de compensation : – 1 JC

Tableau prévisionnel de trésorerie au jour le jour

	Banque X				
	Dates de valeurs en compte				
	Lundi	Mardi	Mercredi	Jeudi	Vendredi
Effets à recevoir échus Chèques remis à l'encaissement Virements reçus Apports effectués Intérêts reçus sur placements Opérations diverses					
TOTAL RECETTES (I)					
Effets à payer échus Chèques émis Virements émis Prélèvements effectués Retraits d'espèces Agios bancaires versés Opérations diverses					
TOTAL DÉPENSES (II)					
SOLDE QUOTIDIEN DU COMPTE (I) – (II)					

Le risque de taux et le risque de change

La gestion des risques est de plus en plus pratiquée dans les grandes entreprises. Deux catégories de risques sont distinguées : le risque de taux et le risque de change.

Le risque de taux

☐ *Définition.* Le risque de taux est le risque que fait courir au porteur d'une dette ou d'une créance, à taux fixe ou à taux variable, l'évolution future des taux.

☐ *Le risque de taux dans l'entreprise emprunteuse (cas d'une dette)*

	Baisse future des taux	**Augmentation future des taux**
Emprunt à taux fixe	risque = ne profite pas de la baisse	ne subit pas la hausse des frais financiers
Emprunt à taux variable	profite de la baisse des frais financiers	risque = subit la hausse des frais financiers

☐ *Le risque de taux dans l'entreprise prêteuse (cas d'une créance)*

	Baisse future des taux	**Augmentation future des taux**
Prêt à taux fixe	ne subit pas la baisse des intérêts	risque = ne profite pas de la hausse
Prêt à taux variable	risque = subit la baisse des intérêts	profite de la hausse des produits financiers

☐ *Les nouveaux instruments de gestion du risque de taux.* Étudiés dans les pages suivantes, ce sont : le terme à terme et les FRA, les *swaps* de taux d'intérêt, les contrats à terme de taux d'intérêt, les options de taux d'intérêt.

Le risque de change

☐ *Définition.* Le risque de change est le risque que fait courir au propriétaire de biens évalués en monnaies étrangères, ou au titulaire de dettes ou de créances libellées en monnaies étrangères, l'évolution future des cours du change.

☐ *Le risque de change sur les opérations commerciales*

	Baisse future du cours de la devise	**Hausse future du cours de la devise**
Importateur de biens (acheteur)	gain de change	risque : perte de change
Exportateur de biens (vendeur)	risque : perte de change	gain de change

☐ *Le risque de change sur les opérations financières (emprunts et prêts)*

	Baisse future du cours de la devise	**Hausse future du cours de la devise**
Emprunt libellé en devise	gain de change	risque : perte de change
Prêt libellé en devise	risque : perte de change	gain de change

☐ *La position de change.* Elle est calculée pour chaque devise.

Position de change = avoirs (ou créances) dans une devise étrangère
– engagements (ou dettes) dans la même devise

☐ *Les nouveaux instruments de gestion du risque de change.* Présentés dans les pages suivantes, ce sont : les contrats à terme, les *swaps*, les options de devises.

TECHNIQUES TRADITIONNELLES DE PROTECTION CONTRE LES RISQUES

Protection contre le risque de taux

– *Taux fixes et taux variables.* Les tableaux de la page 126 montrent qu'en période de baisse des taux, l'entreprise doit emprunter à taux variable et prêter à taux fixe, et inversement en période d'augmentation future des taux. Si le choix initial est pertinent, l'entreprise est gagnante ; sinon, il lui sera difficile de modifier les engagements antérieurs.

– *Choix de la durée.* En cas d'anticipation à la baisse des taux, l'entreprise a intérêt à emprunter sur la durée la plus courte possible et à placer sur la période la plus longue possible. Le raisonnement sera inverse en cas d'anticipation à la hausse.

– *Obligations à fenêtres* (p. 107). Ce sont des emprunts qui permettent à l'emprunteur de rembourser par anticipation en cas de baisse des taux, et de contracter un nouvel emprunt à des conditions plus favorables ; de même, le souscripteur peut demander le remboursement anticipé en cas de hausse des taux, pour effectuer un placement plus avantageux.

– *Le réméré.* C'est une technique qui permet de céder des titres avec la possibilité de les racheter à une date donnée, à un prix fixé d'avance.

On peut ainsi prêter ou emprunter des fonds à un taux déterminé, sans avoir à subir l'évolution défavorable des taux d'intérêt.

– *Les emprunts de sensibilité opposée (ESOPE).* Ce sont des emprunts divisés en deux tranches égales, chaque tranche étant indexée de manière opposée, sur un indice (indice CAC, ou autre). Ainsi, une perte sur une tranche est exactement compensée par un gain sur l'autre tranche.

Le succès de ces différentes techniques dépend essentiellement du choix initial. Il n'y a pas séparation de l'opération financière elle-même (emprunt ou prêt) et de la gestion du risque.

Protection contre le risque de change

– *La facturation en monnaie nationale.* C'est un moyen d'éliminer le risque de change mais il n'est pas toujours applicable sans dommage pour les relations commerciales de l'entreprise.

– *La compensation.* L'entreprise peut effectuer une compensation entre ses dettes et ses créances exprimées dans une même devise et ne payer ou n'encaisser que le solde.

– *L'avance en devises réalisée par une banque.* Cette dernière fournit à l'entreprise, contre des francs, le montant en devises correspondant à la créance sur l'étranger, à titre d'avance. Lors du paiement ultérieur, l'entreprise rembourse la banque avec les devises reçues.

– *L'intervention de la COFACE* (Compagnie française d'assurance pour le commerce extérieur)

Les exportateurs peuvent obtenir auprès de la COFACE des contrats de garantie contre les risques lorsqu'ils consentent eux-mêmes des crédits à leurs clients étrangers.

La COFACE est une société nationale dont le rôle est de garantir la bonne fin des opérations d'exportation et d'importation. Elle intervient principalement pour assurer les risques commerciaux et les risques politiques, mais elle peut intervenir aussi dans l'assurance du risque de change, lorsqu'il n'est pas couvert par les techniques du marché.

Le terme à terme

Le terme à terme (*forward-forward*), ainsi que le *forward rate agreement* (FRA), sont deux nouveaux instruments financiers de gré à gré permettant de fixer un taux d'intérêt pour une date future. Le FRA est présenté plus loin (p. 130).

Définition

Le terme à terme est une technique qui permet à une entreprise de fixer immédiatement le taux d'intérêt d'un placement, ou d'un emprunt, qui sera effectué dans une période future. Le taux est ainsi préfixé et l'entreprise est assurée de la réalisation de l'opération.

Mécanisme

L'opération de terme à terme se décompose en deux périodes :
- une période d'attente entre la date de conclusion du contrat et la date de départ de l'emprunt (ou du prêt) ;
- une période d'effet entre la date de départ de l'emprunt (ou du prêt) et sa date d'échéance.

Ces deux périodes constituent la durée totale d'engagement du terme à terme.

☐ *Cas d'un emprunt.* Le 1er février, une entreprise veut contracter dans 3 mois un emprunt de 10 MF pour une durée de 6 mois. Elle a deux possibilités :
- émettre son emprunt dans trois mois au taux du marché comptant et risquer de subir une hausse de ce taux ;
- fixer le 1er février, le taux de l'emprunt en réalisant une opération de terme à terme. Si elle adopte cette dernière solution, elle doit effectuer deux opérations au comptant : un emprunt sur 9 mois et un prêt sur 3 mois simultanément. On parle de terme à terme « trois contre neuf ».

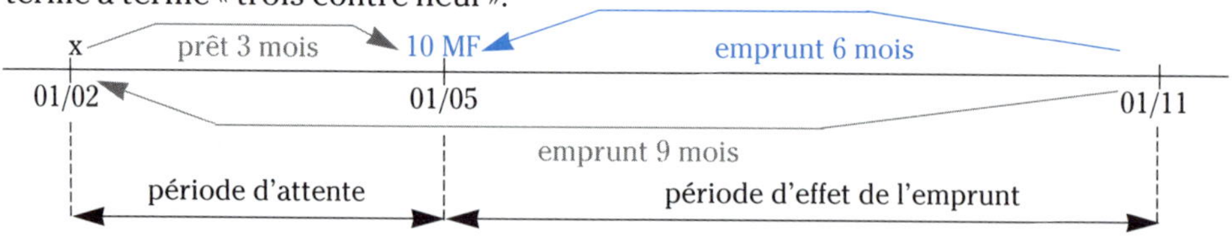

On emprunte le 01/02 une somme x sur 9 mois (taux t_1) et on prête x sur 3 mois (taux t_2), pour avoir, le 01/05, le montant de 10 MF.

☐ *Cas d'un prêt.* Si l'entreprise veut prêter dans 3 mois une somme de 10 MF pour une durée de 6 mois, la solution est symétrique de la précédente :

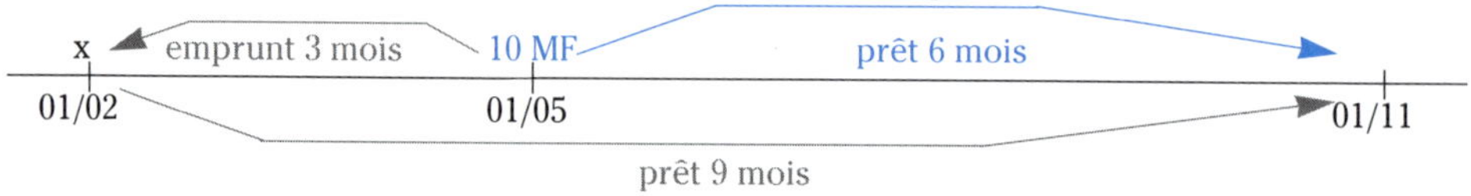

Le 01/02, on prête une somme x sur 9 mois (taux t_1) et on emprunte x sur 3 mois (taux t_2) pour rembourser le 01/05 la somme de 10 MF (montant disponible à cette date).

EXEMPLE

Données

Le 1er février, une entreprise veut contracter dans 3 mois un emprunt de 10 MF pour une durée de 6 mois grâce à une opération de terme à terme.

À la date du 1er février, les taux au comptant sont les suivants :

- taux d'emprunt 9 mois : 10,5 %
- taux de prêt 3 mois : 10 %

On veut calculer le taux du contrat de terme à terme, désigné par T (en %).

N.B. : Le taux du contrat de terme à terme résulte des taux au comptant et se calcule en France sur la base de 360 jours par an. On rappelle que l'intérêt simple sur un capital C, placé au taux t pendant n jours, vaut : $\frac{Ctn}{36\,000}$ et que la valeur acquise par ce capital est égale à : $C + \frac{Ctn}{36\,000} = C\left(1 + \frac{tn}{36\,000}\right)$

Solution (on se reportera au schéma de la page 128 : cas d'un emprunt)

– Montant x du prêt effectué le 01/02 sur 3 mois au taux de 10 % (pendant la période d'attente).

La valeur acquise par x au bout de 3 mois est de 10 MF :

$$x\left(1 + \frac{10 \times 90}{36\,000}\right) = 10\text{ MF} \Rightarrow x = \frac{10\text{ MF}}{1 + \frac{10 \times 90}{36\,000}} = 9{,}756\,097\text{ MF}$$

– Le montant x est emprunté sur 9 mois

On doit rembourser le 01/11 le montant de l'emprunt et les intérêts au taux de 10,5 % soit :

$$9{,}756\,097\text{ MF}\left(1 + \frac{10{,}5 \times 270}{36\,000}\right) = 10{,}524\,389\text{ MF}$$

– Dans l'opération de terme à terme, l'entreprise a reçu 10 MF le 01/05 et elle rembourse 10,524 389 MF le 01/11. Les intérêts calculés au taux T % du contrat de terme à terme valent :

$$10\text{ M} \times \frac{T \times 180}{36\,000} = 10{,}524\,389 - 10 = 0{,}524\,389\text{ MF}$$

d'où : T = 10,48 %

En réalisant deux opérations au comptant, un emprunt sur 9 mois et un prêt sur 3 mois, l'entreprise s'assure le 01/02 un taux de 10,48 % pour l'emprunt à 6 mois dans 3 mois.

Avantages et inconvénients du terme à terme

Le terme à terme, en réalisant deux opérations au comptant, fixe un taux d'intérêt pour un emprunt ou un placement futur. Donnant lieu à des mouvements de capitaux, il garantit la liquidité de l'opération future.

Mais les taux sont peu intéressants car les écarts entre taux emprunteur et taux prêteur sont plus importants que les écarts pratiqués habituellement. De plus, les mouvements de capitaux constituent un handicap. Une solution a été trouvée avec la création des FRA (p. 130).

Le FRA (forward rate agreement)

Le FRA, comme le terme à terme, est un nouvel instrument financier de gré à gré permettant de préfixer un taux d'intérêt pour une date future.

Définition

Le FRA est un instrument de gré à gré qui permet de fixer aujourd'hui (donc de garantir) le taux d'intérêt d'un emprunt ou d'un placement futur, pour un montant déterminé, pendant une période donnée. Un acheteur de FRA est un futur emprunteur, tandis qu'un vendeur de FRA est un futur prêteur. Le FRA permet à l'emprunteur (acheteur) de se garantir contre une hausse des taux d'intérêt et, inversement, il permet au prêteur (vendeur) de se protéger contre une baisse des taux d'intérêt. À la différence du terme à terme, il n'y a pas mise en place effective du prêt ou de l'emprunt. Le FRA garantit le taux, mais pas la liquidité du prêt, ou de l'emprunt. L'emprunt, ou le prêt, se fait sur le marché.

Mécanisme d'un FRA

☐ Comme dans le terme à terme, on distingue deux périodes :
– une période d'attente entre la date de conclusion du contrat de FRA et la date de départ de l'emprunt ou du prêt,
– une période d'effet entre la date de départ et la date d'échéance de l'emprunt ou du prêt.
Le FRA garantit le taux mais pas la liquidité de l'opération : l'emprunteur, ou le prêteur, devra effectuer l'opération au comptant, à la date de départ de l'emprunt ou du prêt.

☐ Dans le contrat, les parties (deux banques, ou une banque et une entreprise) définissent : le capital notionnel, c'est-à-dire le montant éventuellement à emprunter ou à placer à terme, la date de départ et la date d'échéance de l'emprunt ou du prêt, un taux garanti (qui est le taux terme à terme du FRA) et un taux de référence du marché (qui permettra de connaître le taux du marché à la date de départ de l'opération).

☐ À la date de départ de l'opération, on compare le taux du marché t_m avec le taux garanti t_g. On considère ci-après une entreprise emprunteuse. Dans le cas d'une entreprise prêteuse, le raisonnement serait inversé.
– Si $t_m > t_g$, l'entreprise emprunteuse est perdante puisqu'elle devra emprunter sur le marché à un taux supérieur au taux garanti ; la banque cocontractante lui versera la différence d'intérêt.
– Si $t_m < t_g$, l'entreprise emprunteuse est gagnante : elle versera à la banque la différence d'intérêt.

☐ Exemple : le 15/03/N, une entreprise emprunteuse achète à une banque un FRA de 3 mois dans 3 mois au taux garanti de 8 %, portant sur une opération de 10 MF. Le 15/06/N, date de départ de l'emprunt, le taux du marché est de 9 % : la banque doit verser 1 % du capital notionnel à l'entreprise. Si le 15/06/N, le taux du marché est de 7 %, l'entreprise doit payer 1 % du capital notionnel à la banque.

FORMULATION ET EXEMPLE

Formulation de la différence d'intérêt D

Étant versée à la date de départ de l'emprunt ou du prêt, cette différence d'intérêt doit être actualisée au taux du marché. On pose : t_g = taux garanti ; t_m = taux du marché ; n = durée de l'emprunt ou du prêt en jours ; C = capital notionnel.

– Calcul de la différence d'intérêt à la date d'échéance de l'emprunt ou du prêt :

$$\frac{C \cdot (t_g - t_m) \cdot n}{36\,000}$$

– Soit D la différence d'intérêt versée à la date de départ de l'emprunt ou du prêt ; on obtient :

$$D\left(1 + \frac{t_m \cdot n}{36\,000}\right) = \frac{C \cdot (t_g - t_m) \cdot n}{36\,000} \Leftrightarrow D = \frac{C \cdot (t_g - t_m) \cdot n}{36\,000 + t_m \cdot n}$$

Dans l'exemple présenté au bas de la page 130, on aurait : 1) pour t_m = 9 %, D = 24 450 F ; 2) pour t_m = 7 %, D = 24 570 F.

Opération de couverture d'un emprunt

Le 01/03, une entreprise veut émettre dans 6 mois un emprunt de 20 MF, d'une durée de 3 mois au taux : PIBOR 3 mois. Pour se garantir un taux de 6,75 %, elle achète le 1er février à une banque un FRA d'un montant notionnel de 20 MF, d'une durée garantie de 3 mois dans 6 mois (du 01/09 au 30/11). Le taux de référence du marché est le PIBOR 3 mois.

Le 01/09, trois cas sont possibles. Pour chacun d'eux le coût de l'emprunt est égal au taux garanti de 6,75 %.

– *Cas 1 : PIBOR 3 mois = 7,10 % > taux garanti.* La banque paie à l'entreprise la différence d'intérêt entre 7,10 % et 6,75 % sur 3 mois, durée de l'emprunt, soit :

$$D = \frac{20 \times (7{,}10 - 6{,}75) \times 90}{36\,000 + (7{,}10 \times 90)} = 0{,}017\,195 \text{ MF} = 17\,195 \text{ F}$$

En même temps, le 01/09, l'entreprise emprunte 20 MF au taux PIBOR 3 mois = 7,10 %. Le coût de l'emprunt pour l'entreprise est : 7,10 % – différence d'intérêt reçue = 7,10 % – (7,10 % – 6,75 %) = **6,75 %**

– *Cas 2 : PIBOR 3 mois = 6,75 % = taux garanti.*

Aucune différence d'intérêt n'apparaît entre le taux du marché et le taux garanti. L'entreprise emprunte 20 MF au taux PIBOR 3 mois = **6,75 %**

– *Cas 3 : PIBOR 3 mois = 6,40 % < taux garanti.* L'entreprise paie à la banque la différence d'intérêt entre 6,75 % et 6,40 % sur 3 mois, durée de l'emprunt, soit :

$$D = \frac{20 \times (6{,}75 - 6{,}40) \times 90}{36\,000 + (6{,}40 \times 90)} = 0{,}017\,224 \text{ MF} = 17\,224 \text{ F}$$

En même temps, le 01/09, l'entreprise emprunte 20 MF au taux PIBOR 3 mois = 6,40 %. Le coût de l'emprunt pour l'entreprise est : 6,40 % + différence d'intérêt payée = 6,40 % + (6,75 % – 6,40 %) = **6,75 %**

– *Conclusion* : L'entreprise peut fixer à l'avance le taux de son emprunt à court terme. De même, le prêteur peut fixer à l'avance le taux de rendement d'un placement futur.

Les swaps de taux d'intérêt

Swap **est un mot anglais signifiant « échange ». Un** ***swap*** **de taux est un contrat de gré à gré, entre deux contreparties qui s'échangent les caractéristiques de leurs emprunts (ou de leurs prêts).**

Définition

Un *swap* de taux d'intérêt est un échange entre deux intervenants (entreprises, banques) concernant le paiement des intérêts de deux dettes différentes, de même montant et de même durée, sans échanger les dettes correspondantes.

Mécanisme

☐ Deux entreprises A et B veulent emprunter sur le marché financier. Les conditions d'accès au marché sont défavorables à B, aussi bien pour les emprunts à taux fixe que pour les emprunts à taux variable (TMO = taux du marché obligataire) :

Emprunts	Entreprise **A**	Entreprise **B**	Écart
Taux fixe	8 %	10 %	2 %
Taux variable	TMO	**TMO + 1,25 %**	1,25 %
Différentiel de taux			0,75 %

L'entreprise A veut emprunter à taux variable à de meilleures conditions ; de même, l'entreprise B désire emprunter à taux fixe à de meilleures conditions. Or le tableau précédent montre que B a un moindre désavantage de s'endetter à taux variable (+ 1,25 % contre + 2 % à taux fixe). D'où la procédure ci-après :

☐ 1re étape : **A** emprunte au taux fixe de 8 % et **B** emprunte au taux variable de **TMO + 1,25 %**. Les deux emprunts ont même montant : 10 MF et même durée : 5 ans.

☐ 2e étape : A et B vont conclure un *swap* de taux, avec les conventions suivantes :
– A verse à B le TMO + 1,25 % et reçoit de B le taux fixe de 9,75 % ;
– B verse à A le taux fixe de 9,75 % et reçoit de A le TMO + 1,25 %.

Notons dans un tableau les versements et les sommes reçues sous forme de taux :

	Entreprise A	**Entreprise B**
Versements (–) – 1re étape : emprunt – 2e étape :	 – 8 % – (TMO + 1,25 %)	 – (TMO + 1,25 %) – 9,75 %
Sommes reçues (+) – 2e étape	 + 9,75 %	 + (TMO + 1,25 %)
Solde (total de la colonne)	– (TMO – 0,5 %)	– 9,75 %

☐ Conclusion : A emprunte, comme elle le souhaitait, au taux variable de : TMO – 0,5 % et elle réduit le coût de son emprunt de 0,5 %. De même, B emprunte au taux fixe de 9,75 %, réduisant le coût de son emprunt de 0,25 %. La somme des gains de taux, 0,50 % + 0,25 %, est égale au différentiel de taux : 0,75 %

EXEMPLES

■ Représentation graphique d'un *swap* (d'après l'exemple p. 132)

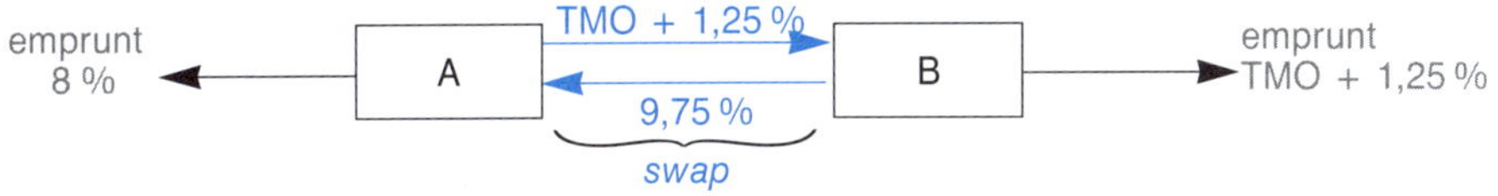

Coût pour A = 8 % + (TMO + 1,25 %)
- 9,75 %
= TMO − 0,5 %

Coût pour B = (TMO + 1,25 %)
+ 9,75 % − (TMO + 1,25 %)
= 9,75 %

– 1re échéance d'intérêt : TMO = 7,5 %
A doit verser à B : 8,75 % et B à A : 9,75 %. Seul B effectue un versement de : 10 MF x 1 % = 100 000 F
– 2e échéance d'intérêt : TMO = 9 %
A doit verser à B : 10,25 % et B à A : 9,75 %. Seul A effectue un versement de : 10 MF x 0,5 % = 50 000 F

■ Opération de couverture contre le risque de taux

– *Données.* Une entreprise A émet le 1er mars N un emprunt de 10 MF à taux variable TMO − 0,25 % sur 5 ans, pour financer un investissement. Elle veut limiter le coût de son emprunt à 9 % pour sauvegarder la rentabilité de l'investissement. Elle contracte donc auprès d'une banque X un *swap* taux fixe contre taux variable : elle paiera le taux fixe 9 % et elle recevra le taux variable TMO − 0,25 %

– *Schéma :*

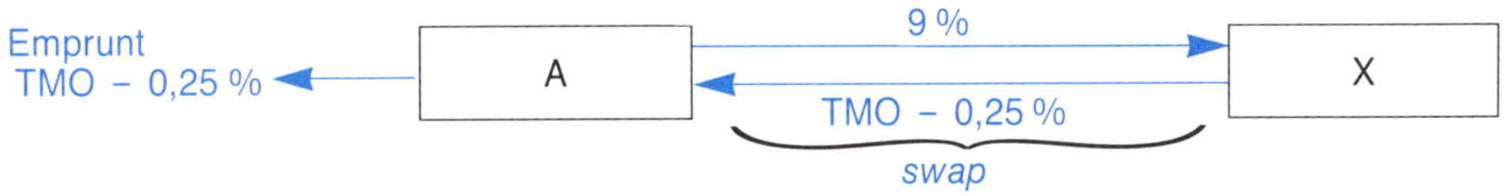

Coût pour A = TMO − 0,25 % − (TMO − 0,25 %) + 9 % = 9 %

– À l'échéance des intérêts, si TMO = 10 %, A encaisse 0,75 % de 10 MF, soit 75 000 F
– Si au contraire, TMO = 8 %, A verse à la banque 1,25 % de 10 MF, soit 125 000 F.
Après swap, dans les deux cas, le coût de l'emprunt est de 9 %.

■ Opération de gestion (exercice)

On peut utiliser un *swap* pour améliorer les conditions d'un emprunt ou d'un prêt qui risquent d'être affectées par une hausse ou une baisse future des taux d'intérêt.
– *Données.* Une SICAV détient un portefeuille d'obligations à taux fixe 8,25 % d'un montant de 50 MF. Anticipant une hausse des taux, le gérant, pour profiter d'une augmentation du rendement de son portefeuille, contracte avec une banque un *swap* où il s'engage à payer un taux fixe de 8,25 % et à recevoir un taux variable indexé sur le TMO.
Représentez graphiquement le *swap*. Calculez le rendement du portefeuille de la SICAV 1) si TMO = 9 %, 2) si TMO = 7 %.

Corrigé p. 156

Les marchés à terme de taux d'intérêt

Sur ces marchés organisés se négocient des contrats à terme de taux d'intérêt, dits contrats de futures de taux, qui sont standardisés.

Principe de base des marchés à terme de taux

□ La valeur V d'un actif financier varie en sens inverse à celui des taux d'intérêt *t*. En effet, V est égale à la valeur actuelle, au taux t, des encaissements à recevoir concernant cet actif (intérêts, dividendes, remboursements, etc.). Si t ↗ → V ↘ et inversement.

□ De la relation inverse précédente découle le principe d'intervention sur les marchés à terme de taux :

– en cas d'anticipation de hausse des taux, on vend à terme des contrats ; si le taux monte, le prix des contrats diminue et l'opérateur réalise un gain car il rachète les contrats à un cours inférieur à celui de la vente ;

– en cas d'anticipation de baisse des taux, on achète à terme des contrats ; si le taux baisse, le prix des contrats s'élève et l'opérateur réalise un gain car il revend les contrats à un cours supérieur à celui de l'achat.

□ En résumé :

	Vente à terme	Achat à terme
Hausse des taux	Gain	Perte
Baisse des taux	Perte	Gain

Organisation des marchés à terme de taux d'intérêt

□ *Un organe de direction*. Il établit le règlement du marché, définit les contrats négociables, assure la surveillance du marché.

□ *Une chambre de compensation* (clearing house). Elle agrée et radie les adhérents, elle assure la cotation en continu des contrats et leur négociation à la criée, elle assure la régulation du marché. Ainsi, elle demande à tout acheteur ou vendeur de constituer un dépôt de garantie pour faire face à des pertes éventuelles. Tous les jours elle procède à des appels de marge, en fonction des pertes et des gains de la journée. Par exemple, le vendeur d'un contrat à un cours de 108 cotant 110 le lendemain devra payer la différence 2, qui constitue une perte. Si, le surlendemain, le cours est de 106, il encaissera 4, différence entre 110 et 106, qui représente un gain.

□ *Des contrats standardisés*. Alors que dans les contrats de gré à gré, les modalités sont négociées librement par les parties, sur les marchés organisés, les caractéristiques des contrats sont standardisées et s'imposent aux intervenants. Le montant est fixe, les échéances sont en nombre limité (en général mai, juin, septembre, décembre). Chaque contrat est représentatif d'un actif sous-jacent à livrer à l'échéance. Lorsque cet actif n'existe pas dans la réalité, on parle de contrat notionnel. Les émissions de contrats notionnels reposent sur une liste d'emprunts d'État appelée gisement. Les contrats sont négociés à la criée selon un système de cotation en continu des cours.

LE MATIF

Les premiers marchés à terme sont apparus aux États-Unis au milieu du XIXe siècle. En France, en 1986, on créa le MATIF (Marché à terme des instruments financiers) offrant des contrats de couverture contre les fluctuations de taux d'intérêt. En 1987, on fusionna la Bourse de commerce de Paris et le MATIF, l'ensemble étant appelé Marché à terme international de France (MATIF).
On rappelle que, dans un marché à terme :
– aujourd'hui, date de conclusion du contrat, on fixe le prix et les quantités ;
– plus tard, date d'échéance, on exécute le règlement et la livraison.

■ Les institutions du MATIF

– *Un organe de direction : le Conseil du marché à terme (CMT).* Il est composé des représentants des intervenants sur le MATIF, c'est-à-dire les sociétés de Bourse, les établissements de crédit, les compagnies d'assurances, les entreprises et les pouvoirs publics.
Il est chargé d'établir le règlement du marché, de définir les contrats négociables, de fixer les modalités de transaction et de livraison, d'agréer ou de radier les adhérents de MATIF SA.
– *Une chambre de compensation : MATIF SA.* C'est une société anonyme, ayant le statut d'établissement de crédit et dont le capital est détenu par les adhérents du MATIF. MATIF SA est responsable du fonctionnement quotidien du marché :
• elle détermine les conditions de négociation des contrats (dépôt de garantie, emprunts du gisement...),
• elle assure la sécurité des transactions en surveillant les positions, en procédant aux appels de marge,
• elle contrôle la livraison des titres sur lesquels reposent les contrats.

■ Les techniques du MATIF

Les contrats MATIF sont traités à la criée et les cotations se font en continu.
– *Passation des ordres.* Pour passer un ordre, il faut s'adresser à un adhérent de MATIF SA, soit directement, soit par l'intermédiaire d'un courtier lui-même en relation avec un adhérent. Les ordres peuvent être à un cours limité ou au mieux. Ces ordres entraînent une des prises de position suivantes : acheteur, vendeur, acheteur/vendeur sur une même échéance ou sur des échéances différentes.
– *Exécution des ordres.* Ils sont exécutés autour de la corbeille par des négociateurs qui crient les ordres et les demandes. C'est MATIF SA qui est contrepartie de l'acheteur ou du vendeur. Le client doit verser le dépôt de garantie à l'adhérent. Ce dépôt de garantie est restitué au moment du dénouement de l'opération.
– *Les appels de marges.* Chaque jour est calculé le gain potentiel (ou la perte) réalisé par le donneur d'ordre. Le gain est porté au crédit de son compte, la perte est mise au débit et doit être couverte le jour suivant (appel de marge). Si le client ne satisfait pas à l'appel de marge, sa position est liquidée d'office (s'il était acheteur, MATIF SA le fait vendre, et inversement).
– *Dénouement d'une position.* Il s'effectue de deux façons : soit avant l'échéance, par une opération de sens inverse, sur la même échéance (cas fréquent) ; soit à l'échéance, par la livraison effective de l'actif sous-jacent, ou par le règlement financier lorsque la livraison de l'actif est impossible (cas rare).

Les contrats sur le MATIF

Ils concernent les matières premières (sucre, café, cacao, pomme de terre) et les produits financiers : contrats à terme de taux (notionnel 7-10 ans, PIBOR 3 mois, EURODEM 3 mois), contrat à terme d'indice boursier CAC 40, contrat à terme de bons du Trésor, options sur contrats à terme.

Le contrat sur emprunt notionnel ou contrat de taux d'intérêt à long terme

□ Il s'agit d'un contrat portant sur un emprunt d'État théorique, fictif, dit « emprunt notionnel » dont les caractéristiques sont les suivantes : taux nominal : 10 % annuel, valeur nominale : 500 000 F (unité de cotation des contrats), durée : 7 à 10 ans, remboursement *in fine*. On peut acheter ou vendre un ou plusieurs contrats standards de 500 000 F. Les échéances sont : mars, juin, septembre et décembre.

□ Les cotations de l'emprunt notionnel se font en pourcentage de la valeur nominale (500 000 F), au pied du coupon. Si le cours est de 110,7, par exemple, cela signifie que le contrat standard vaut : 500 000 x 110,7 % = 553 500 F. L'échelon de cotation, ou *tick*, est de 0,05 %, soit : 500 000 x 0,05 % = 250 F pour un contrat. Il y a appel de marge chaque jour. Le dépôt de garantie est de 5 % par contrat, soit 25 000 F. La variation maximale est de 3 %. En cas de déséquilibre durable, la Chambre de compensation suspend les cotations qui reprennent après reconstitution des marges et des dépôts de garantie.

□ *Le gisement.* Étant fictif, l'emprunt notionnel n'est pas représenté sur le marché. Cependant, pour permettre la livraison des titres à l'échéance, la Chambre de compensation désigne des titres équivalents livrables sur le contrat notionnel. L'ensemble de ces titres livrables constitue le gisement. Les emprunts du gisement, qui ont chacun leurs propres caractéristiques, sont affectés d'un facteur de concordance, les rendant comparables à l'emprunt notionnel. Les vendeurs ont le choix des titres à livrer à MATIF SA, qui les répartit entre les différents acheteurs par tirage au sort.

Le contrat PIBOR 3 mois, ou contrat de taux d'intérêt à court terme

□ Il consiste à acheter, ou à vendre, un taux d'intérêt à 3 mois. C'est un contrat de taux de type FRA (p. 130), pour une date future, sur une période de 3 mois, indexé sur le PIBOR 3 mois. (Le PIBOR, ou TIOP, est présenté p. 145).

□ *Caractéristiques du contrat.* La valeur nominale est de 5 000 000 F, la durée de 90 jours, les échéances sont : mars, juin, septembre, décembre. La cotation est particulière : au lieu de coter le taux, on cote à la criée, un cours égal à : 100 – taux. Dans cet indice, le taux est exprimé en pourcentage avec deux décimales.

□ Exemple : un cours de 92,85 correspond à un taux implicite de : 100 – 92,85 = 7,15 %.

Le dépôt de garantie est de 0,3 % soit : 5 000 000 x 0,3 % = 15 000 F.

Il y a appel de marge chaque jour. Le contrat peut être dénoué avant l'échéance par une opération de sens contraire, ou à l'échéance par règlement du dernier appel de marge.

□ Dans tous les cas, il y a récupération du dépôt de garantie.

EXEMPLES

■ Emprunt notionnel : appels de marge et opération de spéculation

– 4 juillet : achat de 10 contrats notionnels MATIF à échéance septembre ; cours d'achat : 111,30. Dépôt de garantie : 25 000 F x 10 = 250 000 F. L'opérateur anticipe une hausse des cours pour revendre ses contrats à un cours supérieur à 111,30. Le cours de compensation en fin de journée est de 111,50. Il y a donc gain potentiel de :

$$\frac{111{,}50 - 111{,}30}{100} \times 500\,000 \times 10 = 10\,000 \text{ F}$$

qui est porté au crédit du compte du client par l'adhérent.

– 5 juillet : le cours de compensation est de 111,20. Par rapport au cours de la veille (111,50) il y a baisse, donc perte potentielle pour le client de :

$$\frac{111{,}20 - 111{,}50}{100} \times 500\,000 \times 10 = -15\,000 \text{ F}$$

Le client doit payer à l'adhérent 15 000 F – 10 000 = 5 000 F

– 6 juillet : dénouement de la position par la vente des 10 contrats à échéance septembre, au cours de 111,55. L'appel de marge donne un gain potentiel de :

$$\frac{111{,}55 - 111{,}20}{100} \times 500\,000 \times 10 = 17\,500 \text{ F}$$

L'adhérent verse au client 17 500 F, le dépôt de garantie est restitué par l'adhérent.

– Le gain définitif est le suivant : + 10 000 – 15 000 + 17 500 = 12 500 F. Ce gain a été réalisé en trois jours, à partir d'un capital versé de 250 000 F (dépôt de garantie).

■ Contrats PIBOR 3 mois et opération de couverture

Les opérations de couverture permettent à l'opérateur de se couvrir contre le risque de fluctuation des taux d'intérêt. Nées lors de la création des marchés à terme de taux, elles sont de loin les plus nombreuses. On peut fixer à l'avance le coût d'un emprunt ou la rentabilité d'un prêt. On peut aussi, comme dans l'exemple ci-après, protéger le revenu d'un portefeuille d'obligations.

– Une société possède 20 MF d'un emprunt à long terme donnant un coupon trimestriel égal au PIBOR + 0,25 %. Elle anticipe une baisse des taux pour les trois mois à venir et elle décide, le 26 septembre, de se couvrir en achetant 4 contrats à terme PIBOR (= 20 MF) à échéance décembre au cours de 93,20 (soit un taux à terme de : 100 – 93,20 = 6,80 %).

Elle se garantit ainsi un taux de : 6,80 % + 0,25 % = 7,05 %.

– Supposons qu'à l'échéance le cours du contrat PIBOR soit égal à 93,50, ce qui donne un taux de : 100 – 93,50 = 6,5 %. Dans ce cas, la société gagne pour chaque contrat à terme PIBOR :

93,50 – 93,20 = + 0,30 %

Au total, le revenu de l'emprunt est de : 6,5 % + 0,25 % + 0,30 % = 7,05 %

– Supposons, au contraire, que les anticipations de la société ne se réalisent pas et que le cours du contrat PIBOR en décembre soit de 92,80, ce qui correspond à un taux de 100 – 92,80 = 7,2 %

La société perd pour chaque contrat :

92,80 – 93,20 = – 0,40 %

Dans ce cas, le taux du coupon est le suivant : 7,20 % + 0,25 % – 0,40 % = 7,05 %

– Ainsi, la société, en intervenant sur le MATIF, fixe définitivement le résultat du coupon trimestriel à venir. De ce fait, elle perd le bénéfice d'une hausse des taux d'intérêt.

Dans la 2e hypothèse ci-dessus, si le taux monte à 7,2 %, la société perdra 0,40 %.

Les options sur taux d'intérêt

L'option est un droit éventuel d'acheter ou de vendre un actif financier support qui peut être l'emprunt notionnel MATIF, un indice boursier (tel que le CAC 40), des actions, des devises, etc.

Définition générale d'une option

L'option est un droit (possible, mais non obligatoire) d'acheter ou de vendre un actif financier à un prix fixé au départ, dit prix d'exercice de l'option, soit à une date déterminée, ou date d'échéance (l'option est dite « européenne »), soit à tout moment avant la date d'échéance (l'option est dite « américaine »), contre le versement immédiat d'une prime (ou *premium*).

Les options sur taux d'intérêt

□ *L'option d'achat (CALL)*. Elle confère à l'acheteur du CALL, moyennant le versement d'une prime au vendeur, le droit, mais non l'obligation, de placer, pendant une période donnée, un montant déterminé à un taux d'exercice. Une date d'échéance est indiquée, ainsi qu'un taux de référence, qui donnera le taux du marché. L'acheteur se garantit ainsi contre une baisse des taux.
Exemple : le 1er septembre, une entreprise désirant prêter, achète à une banque une option d'achat ainsi caractérisée : montant : 5 MF ; date d'échéance : 1er décembre ; taux d'exercice : 7 % ; taux de référence : PIBOR 3 mois ; prime : 0,25 %.
La banque encaisse, le 1er septembre, la prime de : 5 MF x 0,25 % x 90/360 = 3 125 F.
Le 1er décembre, deux hypothèses sont possibles :
– PIBOR 3 mois = 6 % < taux d'exercice 7 % : l'entreprise exerce son option, c'est-à-dire prête à la banque 5 MF au taux d'exercice de 7 %. Le rendement de son prêt est de : 7 % – 0,25 % = 6,75 %.
– PIBOR 3 mois = 9 % > taux d'exercice 7 % : l'entreprise abandonne son option et place ses disponibilités sur le marché au taux de 9 %. Le rendement de son prêt s'élève à : 9 % – 0,25 % = 8,75 %. Dans ce dernier cas, la prime constitue le profit de la banque.
□ *L'option de vente (PUT)*. Elle confère à l'acheteur du PUT, moyennant le versement d'une prime au vendeur, le droit, mais non l'obligation, d'emprunter à un taux d'exercice, pendant une période donnée, un montant déterminé. L'acheteur se garantit ainsi contre une hausse des taux.
Exemple : le 1er avril, une entreprise désire emprunter 10 MF dans 3 mois. Elle achète à une banque une option de vente : montant : 10 MF ; date d'échéance : 1er juillet ; taux d'exercice : 8 % ; taux de référence : PIBOR 3 mois ; prime : 0,25 %
Le 1er avril, l'acheteur paie la prime au vendeur : 10 MF x 0,25 % x 90/360 = 6 250 F
Le 1er juillet, deux cas peuvent se présenter :
– PIBOR 3 mois = 10 % > taux d'exercice 8 % : l'entreprise exerce son option ; la banque doit lui prêter 10 MF à 8 %. Le coût de l'emprunt pour l'entreprise est de : 8 % + 0,25 % = 8,25 %
– PIBOR 3 mois = 6 % < taux d'exercice 8 % : l'entreprise abandonne son option et emprunte sur le marché à 6 %. La banque gagne la prime. Le coût de l'emprunt vaut : 6 % + 0,25 % = 6,25%.

EXEMPLE : OPTION SUR CONTRAT À TERME DE L'EMPRUNT NOTIONNEL

Caractéristiques de l'option

L'option sur contrat à terme de l'emprunt notionnel donne le droit à l'acheteur, contre le versement d'une prime, d'acheter ou de vendre un contrat à terme de l'emprunt notionnel, à un prix d'exercice déterminé, et cela à tout moment, jusqu'à une échéance donnée.

– *Échéances traitées* : mars, juin, septembre, décembre.

– *Prix d'exercice* : la cotation s'exprime en pourcentage du pair (500 000 F). Ainsi, une option d'achat ayant un prix d'exercice de 108 donne le droit d'acheter un contrat d'emprunt notionnel à : 500 000 F x 108 % = 540 000 F. Pour chaque échéance, il y a au minimum neuf prix d'exercice ouverts à la cotation, exprimés en nombre entier et centrés sur le cours de l'emprunt notionnel sous-jacent.

Par exemple, si le cours de l'emprunt d'État notionnel est de 110,2, les prix d'exercice de l'option seront : 106, 107, 108, 109, *110*, 111, 112, 113, 114. Les prix d'exercice varient selon les cours de l'emprunt notionnel.

– *Prime* : elle est versée par l'acheteur aux vendeurs, par l'intermédiaire de la Chambre de compensation MATIF SA. Elle est cotée en pourcentage du nominal du contrat à terme de l'emprunt notionnel. À chaque prix d'exercice correspond un pourcentage spécifique, donc une prime spécifique. Les cotations sont données dans les journaux financiers.

– *Dépôt de garantie* : seul le vendeur effectue un dépôt de garantie auprès de MATIF SA. Il correspond à la perte maximum que peut subir le vendeur lors de la séance du lendemain.

– *Date d'exercice* : on peut exercer l'option à tout moment jusqu'à son échéance (type américain). On peut aussi la revendre. L'exercice de l'option entraîne la livraison de contrat.

Exemple d'une opération de couverture

Le 1er avril, on envisage de contracter le 15 mai un emprunt de 5 millions de F (5 MF), pour financer un investissement important. Anticipant une hausse des taux, le trésorier de l'entreprise décide de se couvrir en achetant 10 options de vente (PUTS) échéance juin, au prix d'exercice de 112 à 1,50 %. Il verse à MATIF SA une prime de :

500 000 F x 10 x 1,5 % = 75 000 F.

À cette même date du 1er avril, le cours du contrat à terme de l'emprunt notionnel est de 109,80.

Le 15 mai, deux situations sont possibles :

– *Situation 1 : cours du contrat MATIF = 108,70.*

Les taux d'intérêt ayant augmenté, le cours du contrat a diminué entre le 1er avril et le 15 mai et l'entreprise exerce son option, ce qui engendre un gain de : (112 % – 108,7 %) x 500 000 F x 10 = 165 000 F, soit un gain net de 90 000 F après déduction de la prime. Ce gain vient compenser l'accroissement des frais financiers de l'emprunt.

– *Situation 2 : cours du contrat MATIF = 113,5.*

Les taux d'intérêt ayant baissé, le cours du contrat a augmenté, et l'entreprise abandonne son option. Elle profite de la baisse des taux pour emprunter, mais le coût de son emprunt doit être majoré de la prime payée. Ainsi l'entreprise se garantit contre la hausse des taux sans perdre le bénéfice de leur baisse.

Le MONEP

Le Marché des options négociables de Paris (MONEP) s'est ouvert le 10 septembre 1987 à la Bourse de Paris. Il s'agit d'un marché organisé d'options sur actions, comparable aux autres marchés créés avant lui : Chicago, Philadelphie, Londres.

Définition d'une option sur actions

On se reportera à la définition générale d'une option donnée à la page 138 : dans le cas d'une option sur actions, l'actif financier est un nombre déterminé d'actions. Il existe deux types d'options sur actions : l'option d'achat et l'option de vente.

Fonctionnement du MONEP

□ *Organisation.* L'administration et la surveillance du MONEP relèvent de deux organismes : la Société des Bourses françaises (SBF) et la Société de compensation des marchés conditionnels (SCMC), sous le contrôle de la COB (Commission des opérations de Bourse). La SBF définit les supports du marché, les caractéristiques des contrats, et contrôle les opérateurs. La SCMC est la chambre de compensation du MONEP : elle assure le fonctionnement du marché, choisit les adhérents à la compensation, enregistre les opérations, s'interpose entre acheteurs et vendeurs.

□ *Cotations.* Les options sur actions portent sur 100 actions par contrat. Il y a au total actuellement 45 classes d'options d'actions, avec cotation électronique à partir de 1995. Les deux contrats d'options sur indice CAC 40 (à maturité courte et longue), qui représentent l'essentiel du volume des transactions, restent traités à la criée.

□ *Passage des ordres.* Les actes doivent préciser : la nature de l'opération (achat ou vente), le nombre d'options et l'actif support, l'échéance, le prix d'exercice, une limite pour le cours de la prime.

□ *Échéances.* Elles sont standardisées : mars, juin, septembre, décembre. Les contrats portent sur les trois échéances trimestrielles les plus proches.

□ *Prix d'exercice.* Les prix d'exercice sont standardisés. Lors de l'ouverture d'une échéance, trois prix d'exercice sont fixés :
- un prix d'exercice à parité, à peu près égal au cours coté,
- un prix d'exercice en dehors (pour une option d'achat), en dedans (pour une option de vente), prix supérieur au cours coté,
- un prix d'exercice en dedans (pour une option d'achat), en dehors (pour une option de vente), prix inférieur au cours coté.

Le donneur d'ordre choisit le prix d'exercice selon ses anticipations concernant l'évolution du cours de l'action.

□ *Prime.* Elle est cotée en unités monétaires pour une action. Le montant de la prime s'obtient en multipliant le coût unitaire par le nombre d'actions figurant au contrat. La prime est payable d'avance. Elle comprend deux éléments : la valeur intrinsèque (différence entre cours coté et prix d'exercice) et la valeur spéculative, ou valeur temps (le reste).

Exemple : cours coté : 600 ; prix d'exercice : 540 ; prime : 80. La valeur intrinsèque vaut 60 et la valeur spéculative 20. Si le cours coté est inférieur au prix d'exercice, la valeur intrinsèque est nulle.

EXEMPLES

■ Option d'achat (CALL)

Un investisseur achète une option d'achat (CALL) Suez au prix d'exercice de 260 F ; en contrepartie, il verse au vendeur une prime de 12 F par action. Une option porte sur 100 actions. Tout dépend ensuite de l'évolution du cours de l'action Suez.

– *1er cas : hausse du cours*. À l'échéance, si le cours atteint par exemple 290 F, l'acheteur exerce son option, c'est-à-dire se porte acquéreur de 100 actions Suez à 260 F, qu'il peut revendre à 290 F. L'acheteur gagne : (290 – 260) x 100 – primes versées = 3 000 – 1 200 = 1 800 F

Le vendeur, s'il ne possède pas les actions Suez, doit les acheter à 290 F pour les livrer à 260 F. Compte tenu des primes encaissées, il subit une perte de : (260 – 290) x 100 + 1 200 = – 1 800 F.

– *2e cas : baisse du cours*. À l'échéance, le cours est en dessous du prix d'exercice et vaut, par exemple, 240 F. L'acheteur n'exerce pas son option et achète directement l'action Suez au cours du marché. L'acheteur perd le montant des primes encaissées par le vendeur (perte de l'acheteur : – 1 200 F ; gain du vendeur : + 1 200 F).

■ Option de vente (PUT)

Un investisseur achète une option de vente (PUT) Eurotunnel au prix d'exercice de 24 F ; en contrepartie, il verse au vendeur une prime de 3 F par action. L'option porte sur 100 actions. L'investisseur veut se garantir contre une baisse du cours de l'action. Deux cas peuvent se présenter :

– *1er cas : baisse du cours*. À la date de liquidation, si l'action Eurotunnel cote 17 F, l'acheteur exerce son option et vend ses actions à 24 F, qu'il peut acheter sur le marché à 17 F. L'acheteur gagne : (24 – 17) x 100 – primes versées = 700 – 300 = 400 F. Le vendeur de l'option doit acheter les actions à 24 F alors qu'elles valent 17 F sur le marché, soit une perte de : (17 – 24) x 100 + primes encaissées = – 400 F

– *2e cas : hausse du cours*. Si le cours est à 30 F à l'échéance, l'acheteur de l'option de vente n'exerce pas son option et vend directement ses actions en Bourse au cours de 30 F ; de ce fait, il perd le montant des primes encaissées par le vendeur de l'option de vente (perte de l'acheteur de l'option : – 300 F ; gain du vendeur de l'option : + 300 F).

■ Non-exercice des options en pratique

Dans la réalité, les options ne sont généralement pas exercées : elles donnent lieu à un dénouement en sens inverse. Reprenons le premier exemple, ci-dessus (option d'achat).

Un investisseur achète une option d'achat (CALL) Suez au prix d'exercice de 260 F, moyennant le versement d'une prime de 12 F par action. L'investisseur anticipe une hausse du cours.

Si le cours atteint 290 F, l'acheteur peut, au lieu d'exercer son option, revendre son option à 260 F, avec une prime de 40 F. Dans ce cas, il encaisse immédiatement une prime de 40 F et son gain total est égal à la différence entre les primes encaissées et les primes versées, soit : (40 – 12) x 100 = 2 800 F

Des stratégies spéculatives complexes, à base d'écarts, ou *spreads*, sont élaborées par les opérateurs. Les écarts sont des combinaisons formées par l'achat d'options et la vente simultanée d'options de même type = soit des CALLS, soit des PUTS.

CAP, FLOOR, COLLAR

Le CAP, le FLOOR et le COLLAR sont des contrats de gré à gré dérivés des options sur taux d'intérêt (p. 138). Ces instruments financiers permettent de gérer le risque de taux sur une longue période, en fixant d'avance un taux d'intérêt.

Le CAP

☐ *Définition*. Le CAP est un contrat de gré à gré par lequel son acheteur se garantit, moyennant le paiement initial d'une prime au vendeur, un taux d'intérêt maximum, ou taux plafond, pour un montant déterminé, pendant une période donnée.
L'acheteur acquiert le droit, mais non l'obligation, d'encaisser une différence d'intérêts, calculée en multipliant un capital de référence, ou capital notionnel, par l'écart de taux entre un taux de référence du marché et un taux garanti, ou taux d'exercice, si cet écart est positif.
☐ *Caractéristiques*
- Une durée de 3 à 7 ans. Par exemple, une entreprise achète à une banque, le 01/03/N, un CAP sur 3 ans ayant trois périodes d'exercice, pour le calcul de l'écart de taux : la banque versera la différence de taux à la fin de chaque période (01/03/N+1 ; 01/03/N+2 ; 01/03/N+3) si l'entreprise exerce son droit. Un capital de référence, ou capital notionnel, sert de base au calcul de la différence d'intérêts.
- Un taux de référence du marché est défini : PIBOR ou TIOP, TAM, TMO (voir p. 145), ainsi qu'un taux garanti, ou taux d'exercice.
- Une prime : payée par l'acheteur au vendeur, en début de chaque période, elle représente un certain pourcentage du capital notionnel.

Le FLOOR

☐ *Définition*. Le FLOOR est un contrat de gré à gré par lequel son acheteur se garantit, moyennant le paiement initial d'une prime au vendeur, un taux d'intérêt minimum, ou taux plancher, pour un montant déterminé, pendant une période donnée.
L'acheteur acquiert le droit, mais non l'obligation, d'encaisser une différence d'intérêts, calculée en multipliant un capital de référence, ou capital notionnel, par l'écart de taux entre un taux garanti, ou taux d'exercice, et un taux de référence du marché, si cet écart est positif.
☐ *Caractéristiques*. Symétrique du CAP, le FLOOR en a les mêmes caractéristiques.

Le COLLAR

☐ *Définition*. Le COLLAR est un contrat de gré à gré, combinaison d'un CAP et d'un FLOOR, par lequel son acheteur se garantit une plage de taux d'intérêt entre un taux plancher et un taux plafond.
L'achat d'un COLLAR consiste à acheter un CAP et à vendre en même temps un FLOOR ; la vente d'un COLLAR consiste à vendre un CAP et à acheter en même temps un FLOOR.
☐ *Caractéristiques*. Ce sont celles d'un CAP et d'un FLOOR : durée assez longue, capital notionnel, taux de référence du marché, taux maximum (CAP), taux minimum (FLOOR), prime versée pour l'achat du CAP ou du FLOOR, prime reçue pour la vente du CAP ou du FLOOR.

EXEMPLES

Exemple d'un CAP

Le 01/07/N, une société X contracte un emprunt de 100 millions de F (MF) sur 3 ans à taux variable TAM. Pour se couvrir contre une éventuelle hausse du taux, elle achète un CAP sur 3 ans, capital de référence : 100 MF, taux de référence : TAM, taux garanti : 10 %, prime : 0,5 % par an, payable au début de chaque période annuelle. La comparaison se fait tous les ans.

	01/07/N	01/07/N + 1	01/07/N + 2	01/07/N + 3
TAM		11 %	8 %	11,5 %
Taux plafond		10 %	10 %	10 %
Écart de taux		1 %	Écart négatif	1,5 %
X reçoit :		1 % x 100 MF = 1 MF	Pas de différentiel	1,5 % x 100 MF = 1,5 MF
Prime versée par X :	0,5 % x 100 MF = 0,5 MF	0,5 % x 100 MF = 0,5 MF	0,5 % x 100 MF = 0,5 MF	
Coût de l'emprunt + CAP	0,5 %	11 % − 1 % + 0,5 % = 10,5 %	8 % + 0,5 % = 8,5 %	11,5 % − 1,5 % = 10 %

Exemple d'un FLOOR

Le 01/10/N, une société Y effectue un placement de 100 MF sur 3 ans à taux variable indexé sur le TMO. Pour se couvrir contre une éventuelle baisse du taux, elle achète à une banque, le 01/10/N, un FLOOR sur 3 ans, périodes d'exercice annuelles, capital de référence : 100 MF, taux de référence : TMO, taux plancher : 8 %, prime : 0,5 % par an, payable d'avance.

	01/10/N	01/10/N + 1	01/10/N + 2	01/10/N + 3
Taux plancher		8 %	8 %	8 %
TMO		7 %	9 %	6,5 %
Écart de taux		1 %	Écart négatif	1,5 %
Y reçoit :		1 % x 100 MF = 1 MF	Pas de différentiel	1,5 % x 100 MF = 1,5 MF
Prime versée par Y :	0,5 % x 100 MF = 0,5 MF	0,5 % x 100 MF = 0,5 MF	0,5 % x 100 MF = 0,5 MF	
Rendement après FLOOR	− 0,5 %	7 % + 1 % − 0,5 % = 7,5 %	9 % − 0,5 % = 8,5 %	6,5 % + 1,5 % = 8 %

Exemple d'un COLLAR

Le 01/12/N, une société Z émet un emprunt sur 3 ans de 100 MF à taux variable TMO. Elle achète le même jour à une banque un COLLAR durée 3 ans constitué par : 1°) l'achat d'un CAP, taux maximum 10 %, taux de référence TMO, prime 0,75 % ; 2°) la vente d'un FLOOR, taux minimum 8 %, taux de référence TMO, prime 0,25 %.

Exercice : sachant que le TMO a été successivement le suivant :

- le 01/12/N + 1 : 6 %
- le 01/12/N + 2 : 9 %
- le 01/12/N + 3 : 11 %

présentez dans un tableau (semblable aux tableaux ci-dessus) les calculs donnant le coût de l'emprunt après COLLAR.

Corrigé p. 156

Les swaps de devises

Le *swap* (= échange) de devises est un contrat de gré à gré par lequel les deux parties conviennent d'échanger des capitaux libellés dans deux devises différentes. Leur but est d'obtenir de meilleures conditions de financement ou de placement.

Mécanisme

□ Une société A et une banque B veulent emprunter sur les marchés financiers internationaux. Les conditions d'accès aux marchés sont défavorables à A.

Emprunts	Société A	Banque B	Écart
Taux fixe en francs (FRF)	9 %	7,5 %	1,5 %
Taux variable en dollars (USD)	LIBOR 6 mois + 0,5 %	LIBOR 6 mois	0,5 %
Différentiel de taux			1 %

La société A veut emprunter à taux fixe à de meilleures conditions ; de même, la banque B désire emprunter à taux variable à de meilleures conditions. Or le tableau montre que A a un moindre désavantage de s'endetter à taux variable (+ 0,5 % contre + 1,5 % à taux fixe). D'où la procédure ci-après :
– A emprunte en dollars au taux variable : LIBOR 6 mois + 0,5 % (durée 5 ans) ;
– B emprunte en francs au taux fixe 7,5 % (durée 5 ans).

□ *Échange des intérêts tout au long de la durée du contrat.* A et B vont conclure un *swap* de devises, comme suit : A verse à B un taux fixe en francs de 7,5 % et B verse à A un taux variable en dollars : LIBOR 6 mois – 0,5 %.

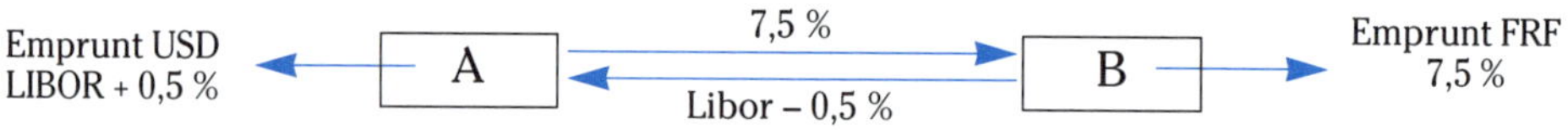

Coût pour A = LIBOR + 0,5 % + 7,5 % – (LIBOR – 0,5 %) = **8,5 %** (gain 0,5 %).
Coût pour B = 7,5 % + LIBOR – 0,5 % – 7,5 % = **LIBOR – 0,5 %** (gain 0,5 %).

Les trois étapes d'un *swap* de devises

Dans l'exemple précédent, A emprunte 1 million de dollars (cours au comptant : 5,5 FRF pour 1 dollar) et B emprunte 5,5 millions de francs (= 1 million USD).

□ *1re étape : date du contrat = échange des capitaux*

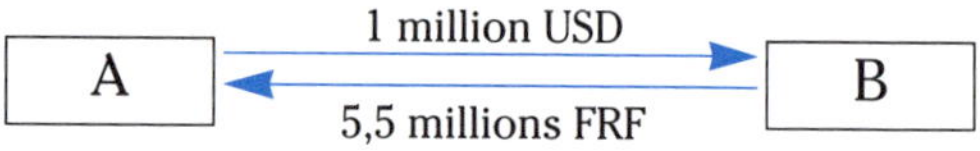

□ *2e étape : échange des intérêts, aux échéances prévues* (voir ci-dessus)

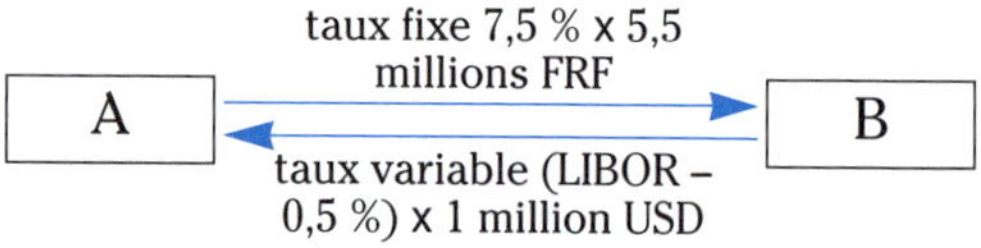

□ *3e étape : remboursement du capital à l'échéance du SWAP*

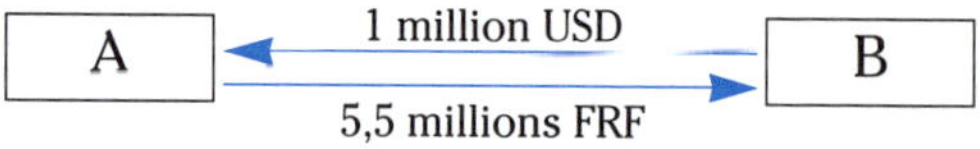

LES TAUX D'INTÉRÊT VARIABLES DE RÉFÉRENCE

Il existe deux types de taux : le taux fixe, le taux variable. Le taux d'intérêt fixe demeure inchangé pendant toute la durée de l'emprunt, ou du prêt. Le taux d'intérêt variable varie en fonction d'une référence prise soit sur le marché monétaire, soit sur le marché obligataire.

■ Taux d'intérêt variable à index monétaire (court terme)

– *Tjj (Taux au jour le jour)*. C'est un taux moyen des opérations de prêts à 24 heures, pondéré par le volume des transactions, sur le marché interbancaire au jour le jour. Le Tjj est un taux moyen pondéré (TMP) établi par la Banque de France pour chaque jour.

– *TMM (Taux moyen mensuel, ex-T4M)*. Il est égal à la moyenne arithmétique simple des taux au jour le jour observés au cours du mois. Le TMM est un taux établi pour un mois (exemple : TMM de juin).

– *TAM (Taux annuel monétaire)*. C'est le taux de rendement d'un placement mensuel renouvelé chaque fin de mois pendant les douze derniers mois et à intérêts composés. Le taux de référence pour le calcul des intérêts est le TMM. Les calculs sont effectués sur la base d'une année de 360 jours et du nombre exact de jours des différents mois en cause.

– *PIBOR (Paris Interbank Offered Rate) ou TIOP (Taux interbancaire offert à Paris)*. C'est la moyenne arithmétique des taux communiqués quotidiennement par les quatorze banques de référence sur la place de Paris, qui opèrent régulièrement sur le marché interbancaire. Il y a un PIBOR pour le franc et l'écu. Plusieurs échéances sont cotées = 1 mois, 2 mois, ..., 12 mois. Les TIOP sont établis par l'Association française des banques (AFB).

– LIBOR (*London Interbank Offered Rate*). C'est le taux moyen offert par les banques sur le marché interbancaire des euro-devises à Londres, pour plusieurs échéances : 1 mois, 2 mois, ..., 12 mois. Les principales euro-devises sont l'euro-dollar et l'euro-mark. L'euro-dollar est un dollar déposé dans une banque située en dehors des États-Unis.

De même, l'euro-mark est un mark déposé dans une banque située en dehors de l'Allemagne. Londres est la principale place mondiale du marché des euro-devises.

■ Taux d'intérêt variable à index obligataire (long terme)

– *TMO (Taux du marché obligataire)*. Le TMO est la moyenne arithmétique des douze derniers taux moyens mensuels de rendement au règlement des emprunts garantis par l'État et assimilés, émis au cours du mois de référence.

– *TME (Taux moyen des emprunts d'État)*. Il s'agit de la moyenne arithmétique des douze dernières moyennes mensuelles des taux de rendement en Bourse des emprunts d'État à long terme (à plus de 7 ans d'échéance).

N.B. : Il faut distinguer les taux d'intérêt variables des taux d'intérêt révisables. Alors que dans une formule à taux variable le taux d'intérêt est déterminé pendant la période au cours de laquelle il s'applique et n'est donc connu définitivement qu'à son terme, dans une formule à taux révisable le taux est calculé avant la période.

Comme le taux variable, le taux révisable varie en fonction d'une référence prise soit sur le marché monétaire soit sur le marché obligataire.

Par exemple, les emprunts à taux révisables bénéficient d'un taux annuel fixe, révisable périodiquement tous les trois ans, tous les ans, ou tous les trimestres.

Les contrats à terme de devises

Un contrat à terme sur devises, ou future de devises, est un engagement à livrer ou à recevoir une certaine quantité de devises à une date donnée et à un prix fixé à l'avance.

Définition de la couverture à terme (opération d'importation ou d'exportation)

☐ La couverture à terme, pour un importateur, consiste à s'assurer aujourd'hui, jour de départ de l'opération, le cours auquel il pourra acheter les devises dont il sera débiteur à terme.
☐ La couverture à terme, pour un exportateur, consiste à s'assurer aujourd'hui, jour de départ de l'opération, le cours auquel il pourra vendre les devises qu'il recevra à terme.

Les marchés à terme de devises

Les opérations de couverture à terme peuvent être réalisées soit sur le marché interbancaire (marché de gré à gré, contrats non standardisés), soit sur les marchés de futures de devises. Les marchés des futures de devises sont des marchés organisés : contrats standardisés, existence d'une chambre de compensation.
☐ *Contrats standardisés*. Sur les marchés de futures, on négocie des contrats standardisés et non des devises. Les caractéristiques des contrats sont les suivantes :
– un montant de devises fixe (exemple : 125 000 deutsche marks (DM) sur l'IMM (International Monetary Market) de Chicago) pour chaque contrat ;
– des échéances (dates de livraison des contrats) limitées : mars, juin, septembre, décembre et la livraison des devises à l'échéance ;
– les cotations des contrats effectuées en quantité de dollars par unité de devise.
☐ *Chambre de compensation*. Elle s'interpose entre acheteur et vendeur. Elle admet des adhérents, seules personnes autorisées à traiter des contrats sur le marché. Elle assure une garantie de bonne fin à toute transaction grâce au dépôt de garantie et à l'appel de marge (voir p. 134). Elle contrôle la livraison des contrats à l'échéance : en fait, peu de contrats font l'objet d'une livraison car l'opérateur dénoue sa position par une opération de sens inverse, avant l'échéance.

Utilisation des contrats à terme de devises

☐ *Couverture à terme* : opérations d'importation et d'exportation, de placement et de financement en devises, gestion d'un portefeuille en devises.
☐ *Arbitrage et spéculation* : on cherche des gains en tirant parti des implantations du marché (arbitrage), ou de l'évolution des cours de change (spéculation).

Intérêt de la couverture à terme

Elle présente l'avantage de fixer un cours de change futur, mais elle ne permet pas de profiter d'une évolution favorable des cours, à la différence des options. Ainsi l'exportateur, qui contracte parce qu'il envisage une baisse de la devise, subira un manque à gagner en cas de hausse ; de même, l'importateur, qui anticipe une hausse de la devise, perdra en cas de baisse.

EXEMPLES

■ Couverture à terme d'une exportation

Considérons l'exemple d'un exportateur américain qui veut protéger une créance pour 1 million de marks, en juin N. Cette créance est encaissable en septembre (délai de règlement de 90 jours). Le cours à terme 3 mois étant de 0,5662 dollar pour 1 mark, l'exportateur détient une créance valant : 1 000 000 x 0,5662 = 566 200 dollars.

Anticipant une baisse du mark, l'exportateur se couvre en vendant des contrats à terme en marks sur l'IMM de Chicago. Le montant du contrat à terme étant de 125 000 marks, il vend : 1 000 000/ 125 000 = 8 contrats à échéance septembre N, au cours de 0,5664 dollar pour 1 mark.

En septembre, deux cas peuvent se produire : baisse du mark ou hausse du mark.

– *1er cas : baisse du mark* : cours comptant : 0,5595 dollar pour 1 mark, cours du contrat mark/dollar septembre : 0,5597 $/DM

• L'exportateur reçoit 1 million de marks et les vend sur le marché au comptant :

1 000 000 x 0,5595 = 559 500 dollars

d'où une perte sur le marché au comptant de : 559 500 – 566 200 =

– 6 700 dollars.

• Simultanément, l'exportateur dénoue sa position sur le marché à terme en achetant 8 contrats au cours de 0,5597. Il réalise un gain de :

(0,5664 – 0,5597) x 12 500 x 8 =

6 700 dollars.

Ce gain compense la perte sur le marché au comptant.

– *2e cas : hausse du mark* : cours comptant : 0,5712 dollar pour 1 mark, cours du contrat mark/dollar septembre : 0,5714 $/DM

• L'exportateur reçoit et vend 1 million de marks sur le marché au comptant :

1 000 000 x 0,5712 = 571 200 dollars

d'où un gain de :

571 200 – 566 200 = 5 000 dollars.

• En même temps, il denoue sa position sur le marché à terme en achetant plus cher 8 contrats, ce qui donne une perte de :

(0,5664 – 0,5714) x 125 000 x 8 =

– 5 000 dollars.

Au total, l'exportateur a pu fixer, dès juin N, un cours de change futur de 0,5662 $/DM, sans pouvoir profiter de la hausse du cours du mark.

■ Couverture à terme d'une importation

L'importateur américain a une dette future à payer en devises. Anticipant une hausse de la devise, il se couvre en achetant des contrats à terme sur l'IMM de Chicago.

À l'échéance, deux cas peuvent se produire.

– *1er cas : hausse de la devise.* L'importateur perd sur le marché au comptant en achetant des devises et compense sa perte par le profit sur la vente de ses contrats à termo.

– *2e cas : baisse de la devise.* L'importateur gagne sur le marché au comptant en achetant des devises et annule son gain par la perte qu'il réalise sur la vente de ses contrats à terme.

■ Conclusion

La principale limite à l'utilisation des contrats à terme de devises est due à la standardisation des contrats : montant fixe de devises, échéances limitées, devises concernées. Les marchés à terme de devises n'offrent pas une couverture aussi bonne que le marché interbancaire.

Les options de devises

L'option est un droit éventuel d'acheter ou de vendre un actif financier support (p. 138). Déjà utilisée dans la gestion du risque de taux et des valeurs mobilières, l'option permet non seulement de garantir un cours de change, mais également de bénéficier de l'évolution favorable des cours de change.

Définition d'une option de devises (ou option de change)

☐ L'option de devises est un droit, mais non une obligation, d'échanger une devise contre une autre devise à un cours fixé d'avance, appelé prix d'exercice, soit à échéance fixe (option européenne), soit à tout moment avant la date d'échéance (option américaine), moyennant le versement immédiat d'une prime.
☐ L'acheteur de l'option, contre le versement d'une prime, bénéficie d'un droit d'exercice de l'option : il peut lever l'option ou l'abandonner. Le vendeur de l'option encaisse la prime et doit suivre la décision de l'acheteur.

Les deux types d'option de devises (voir graphiques p. 157)

☐ *L'option d'achat (ou CALL)*. Elle confère à l'acheteur du CALL, contre versement d'une prime au vendeur, le droit, mais non l'obligation, d'acheter un montant déterminé de devises à un cours fixé d'avance (prix d'exercice). L'acheteur d'un CALL se protège contre une hausse du cours de la devise. Exemple : un CALL USD/FRF est le droit d'acheter des dollars et de vendre des francs français.
☐ *L'option de vente (ou PUT)*. Elle confère à l'acheteur d'un PUT, contre versement d'une prime au vendeur, le droit, mais non l'obligation, de vendre un montant déterminé de devises à un cours fixé d'avance (prix d'exercice). L'acheteur d'un PUT se protège contre une baisse du cours de la devise. Exemple : un PUT USD/FRF est le droit de vendre des dollars et d'acheter des francs français. On notera qu'un CALL FRF/USD est un PUT USD/FRF.

Les contrats d'options de devises

Les contrats se traitent sur deux types de marchés : le marché de gré à gré, les marchés organisés.
☐ *Le marché de gré à gré* (ou marché OTC : *over the counter*). Il est très développé en Europe et il propose des options sur mesure dont les caractéristiques sont librement négociées.
La prime est exprimée en pourcentage du montant ; par exemple : CALL USD/DEM, prix d'exercice 1,52 pour un million de dollars : prime 1,60 %. L'acheteur de ce CALL devra verser une prime de : 1 000 000 x 1,6 % = 16 000 dollars.
☐ *Les marchés organisés* (Philadelphie, Chicago, etc.). Ces marchés proposent des contrats standardisés pour leur échéance, leur montant et leur prix d'exercice. Les marchés organisés offrent trois avantages : supprimer le risque de défaillance de la contrepartie, assurer la liquidité du marché, dénouer instantanément les positions prises. Ils sont composés de deux organismes : la Bourse, qui est le lieu où se font les transactions, et la chambre de compensation, qui est l'unique contrepartie de toute transaction et garantit la livraison de l'actif sous-jacent (devises ou contrats à terme de devises).

EXEMPLES

■ Couverture d'importation sur le marché de gré à gré (graphique p. 157)

Une entreprise française importe des produits en provenance des États-Unis. Elle doit payer le 1er octobre, dans un mois, une facture de 2 millions de dollars. Craignant une hausse du dollar, elle achète à une banque, le 1er septembre, une option d'achat (call) ainsi définie : option d'achat européenne USD/FRF (achat de dollars contre des francs français), échéance 1er octobre, montant : 2 millions de dollars, prix d'exercice : 5,30 FRF pour 1 dollar, cours comptant : 5,25 FRF pour 1 dollar, prime 1,50 %.

– Le 1er septembre, l'entreprise verse à la banque le montant de la prime :
2 000 000 x 1,5 % = 30 000 USD, soit au cours du jour : 30 000 x 5,25 = 157 500 FRF

– Le 1er octobre, deux situations peuvent se présenter :

• *Situation 1 : hausse du dollar* : 1 USD = 5,50 FRF. Conformément aux anticipations, le dollar s'est apprécié. L'entreprise importatrice exerce son option (= lève l'option) et achète à la banque 2 millions de dollars au prix d'exercice 5,30 FRF :

achat de 2 millions de dollars à 5,30 FRF	=	10 600 000 FRF
prime payée le 1er septembre	=	157 500 FRF
Coût total	=	10 757 500 FRF

Dans ce cas, l'entreprise réalise un gain de change de :
5,50 x 2 000 000 – 10 757 500 = 242 500 FRF. Ce gain est théoriquement illimité.

• *Situation 2 : baisse du dollar* : 1 USD = 5,10 FRF. L'entreprise abandonne son option et achète des dollars au comptant à 5,10 FRF :

achat de 2 millions de dollars à 5,10 FRF	=	10 200 000 FRF
prime payée le 1er septembre	=	157 500 FRF
Coût total	=	10 357 500 FRF

Dans ce cas, l'entreprise limite sa perte de change au montant de la prime.

■ Couverture d'exportation sur le marché de gré à gré (graphique p. 157)

– Un exportateur français vend des produits à un acheteur américain. Il doit recevoir, le 1er avril, dans un mois, une somme de 1 million de dollars. Anticipant une baisse du dollar, il achète à une banque, le 1er mars, une option de vente (put) USD/FRF ainsi définie : option de vente européenne USD/FRF (= vente de dollars contre des francs français), échéance : 1er avril, montant : 1 million de dollars, prix d'exercice : 5,30 FRF pour 1 dollar, cours comptant 5,35 FRF pour 1 dollar, prime 1,40 %.

– Le 1er mars, l'exportateur verse à la banque le montant de la prime :
1 000 000 x 1,4 % = 14 000 USD soit au cours du jour : 14 000 x 5,35 = 74 900 FRF

– Le 1er avril, deux situations peuvent se présenter :

• *Situation 1 : baisse du dollar* : 1 USD = 5,10 FRF. Conformément aux prévisions, le dollar s'est déprécié. L'exportateur exerce son option (= lève l'option) et vend à la banque 1 million de dollars au prix d'exercice 5,30 FRF :

vente de 1 million de dollars à 5,30 FRF	=	5 300 000 FRF
moins prime payée le 1er mars	= –	74 900 FRF
Total encaissé	=	5 225 100 FRF

Le gain de change est ici de : 5 225 100 – 5,10 x 1 000 000 = 125 100 FRF

• *Situation 2 : hausse du dollar* : 1 USD = 5,50 FRF. Calculez la perte de change et le total encaissé.

Corrigé p. 156

CORRIGÉS DES EXERCICES

page 11

ACTIF	Exercice N + 1			Exercice N
	Brut	A et P	Net	Net
Charges à répartir sur plusieurs exercices Primes de remboursement des obligations	300 1 275		300 1 275	400 1 425

ACTIF	Exercice N + 2			Exercice N+1
	Brut	A et P	Net	Net
Charges à répartir sur plusieurs exercices Primes de remboursement des obligations	200 1 125		200 1 125	300 1 275

ACTIF	Exercice N + 3			Exercice N+2
	Brut	A et P	Net	Net
Charges à répartir sur plusieurs exercices Primes de remboursement des obligations	100 975		100 975	200 1 125

ACTIF	Exercice N + 4			Exercice N+3
	Brut	A et P	Net	Net
Charges à répartir sur plusieurs exercices Primes de remboursement des obligations	– 825		– 825	100 975

page 13

Affectation du résultat de l'année N

	• Bénéfice à répartir	30
(1)	• Réserve légale : 30 x 5 % = 1,5 24,5 + 1,5 = 26 > 10 % du capital limitée à : 25 – 24,5 =	– 0,5
	• plus report à nouveau antérieur =	+ 0,2
	= **Bénéfice distribuable**	29,7
	• autres réserves	– 8,7
	solde	21
	• dividendes aux actionnaires	– 20
	Report à nouveau de l'exercice	1

Commentaires

(1) 5 % du bénéfice jusqu'à ce qu'elle atteigne 10 % du capital

Les 2/3 du bénéfice sont distribués (2/3 x 30 = 20) sous forme de dividendes. Le 1/3 est conservé par la société et se retrouve dans l'accroissement des réserves (0,5 + 8,7 = 9,2) et l'accroissement du report à nouveau (0,8)

page 27

Commentaires :
A : Très bonne situation, entreprise solvable, risque de faillite quasi nul (à cette date). B : Bilan équilibré, entreprise solvable, mais situation précaire (FR = 0), sauf dans certains secteurs. C : Très mauvaise situation, des actifs à plus d'un an sont financés par du court terme (risque de faillite). D : Situation catastrophique, entreprise non solvable puisque actif net = – 10.

page 31

	N – 4	N – 3	N – 2	N – 1	N
Stocks de produits finis					
Stock moyen = (Si + Sf)/2 (1)		3 350	4 150	5 550	7 150
Coût de production des produits finis vendus (2)	13 500	18 000	19 500	18 500	20 000
TE = (1)/(2) x 360 (en jours)	–	67	77	108	129
TR = 360/TE	–	5,4	4,7	3,3	2,8

	N - 4	N - 3	N - 2	N - 1	N
Créances clients (3) Ventes TTC (4) TE = (3)/(4) x 360 (en jours) TR = 360/TE	12 800 78 390 59 6,1	18 000 108 540 60 6	21 000 118 791 64 5,6	22 500 118 188 69 5,2	23 500 120 600 70 5,1
Dettes fournisseurs (5) Achats TTC (6) TE = (5)/(6) x 360 (en jours) TR = 360/TE	**4 200** 28 944 52 6,9	7 000 46 431 54 6,7	7 100 47 637 54 6,7	7 600 50 652 54 6,7	6 900 49 446 50 7,2

page 39

a/ Paiement à 40 jours : TE = 40 j.
b/ Paiement en fin de mois : TE = (30 j + 0 j)/2 = 15 j.
c/ Paiement le 5 du mois suivant : TE = (35 j + 5 j)/2 = 20 j.
d/ Paiement 40 % à 40 j et 60 % à 60 j :
TE = (40 % x 40 j) + (60 % x 60 j) = 52 j.
e/ Paiement à 60 j fin de mois le 25 du mois suivant :
- 1er jour du mois 1 : 30 + 60 j + 25 j = 115 j
- dernier jour du mois 1 : 60 j + 25 j = 85 j

$$TE = \frac{115 + 85\ j}{2} = 100\ j$$

f/ paiement le 27 du mois même :
- 1er jour du mois considéré : TE = 27 j (27 j de retard)
- 30e jour du mois considéré : TE = – 3 j (3 j d'avance)

TE = (27 j – 3 j)/2 = 12 j.

N.B. : 12 j représente le délai entre le 15 du mois et le 27 du même mois.

page 43 Exercice 1 : SVX

Composantes du BFRE normatif	TE en jours propres à chaque composante (1)	Ratio de structure RS (2)	TE en j de CAHT (1)x(2)
Emplois (+)			
Stock de matières premières	360/12 = 30 *(a)*	40 %	12
Stock d'en-cours	45 *(b)*	$40\ \% + \frac{1}{2} \times 30\ \% = 55\ \%$	24,75
Stock de produits finis	15 *(c)*	40 % + 30 % = 70 %	10,50
Clients	75 *(d)*	120,6 %	90,45
TVA déductible	40 *(e)*	40 % x 0,206 = 8,24 %	3,30
Total des emplois			141,00
Ressources (–)			
Fournisseurs	90 *(f)*	40 % x 1,206 = 48,24 %	43,42
TVA collectée	40 *(g)*	20,6 %	8,24
Total des ressources			51,66

BFRE normatif = total des emplois – total des ressources = 141 j – 51,66 j
= 89,34 jours de CAHT

$$= \frac{89{,}34}{360} = 24{,}8\ \%$$ du chiffre d'affaires hors taxes annuel

a. j de consommation (achats HT)
b. j de coût de production des en-cours
c. j de coût de production des produits finis
d. j de CATTC
e. j de TVA sur achats de matières
f. j d'achats de matières TTC
g. j de TVA sur ventes

Le BFRE normatif est proportionnel au CAHT ; il représente 24,8 % du CAHT. Si le CAHT augmente de 60 %, le BFRE normatif augmentera dans la même proportion de 60 %.
Exemple :
année 1 : CAHT = 100 MF et BFRE normatif = 24,8 MF
année 2 : CAHT = 160 MF et BFRE normatif =
24,8 x 1,6 = 39,68 MF

page 43 **Exercice 2 : OM**

1

Composantes du BFRE	**TE en jours propres** à chaque composante (1)	**Ratio de structure RS** (2)	**TE en j de CAHT** (1) x (2)
Emplois (+)			
Stock de matières premières	360/20 = 18 *(a)*	40 %	7,2
Stock de produits finis	360/15 = 24 *(b)*	40 % + 28 % + 12 % + 5 % = 85 %	20,4
Clients	85 *(c)*	120,6 %	102,51
TVA déductible	40 *(d)*	(40 % + 12 %) x 0,206 = 10,712 %	4,28
Total des emplois			134,39
Ressources (–)			
Fournisseurs	75 *(e)*	40 % x 1,206 = 48,24 %	36,18
Salaires nets	15 *(f)*	(28 % + 6 %) x $\frac{85}{140}$ = 20,64 %	3,10
Charges sociales	30 *(g)*	(28 % + 6 %) x $\frac{55}{140}$ = 13,36%	4,01
TVA collectée	40 *(h)*	20,6 %	8,24
Total des ressources			51,53

BFRE normatif = total des emplois – total des ressources = 134,39 j – 51,53 j = 82,86 j de CAHT
= 82,86/360 = **23 %** du CAHT annuel.

a. j de consommation (= achats HT)
b. j de coût de production des produits finis
c. j de CATTC
d. j de TVA déductible sur achats de biens et services
e. j d'achats de matières TTC
f. j de salaires nets
g. j de charges sociales
h. j de TVA sur ventes HT

2

Le chiffre d'affaires hors taxes (CAHT) de l'année N vaut : 2 KF x 12 000 = 24 000 KF. Par rapport au CAHT, le total des charges vaut : 40 % + 28 % + 6 % + 12 % + 8 % = 94 % et le résultat : 6 % soit : 24 000 x 6 % = 1 440 KF. Fin N, le FR fonctionnel s'est accru du résultat et s'élève à : 200 KF + 1 440 KF = 1 640 KF
À la fin de N, le BFRE normatif vaut : CAHT x 23 % = 24 000 KF x 23 % = 5 520 KF. En conséquence, la trésorerie théorique sera largement négative :
trésorerie fin N = FR fonctionnel – BFRE normatif = 1 640 KF – 5 520 KF = – 3 880 KF
Pour tout accroissement du CAHT, le FR fonctionnel augmente de 6 % de cet accroissement et le BFRE normatif de 23 %. Sans décisions correctives, la trésorerie devient de plus en plus négative.
Deux catégories de décisions peuvent être prises :
- soit agir sur les composantes du BFRE : diminuer les emplois et/ou augmenter les ressources,
- soit accroître le FR fonctionnel : augmenter le capital, emprunter, désinvestir.

3

Le CAHT de N + 1 vaut : 2 KF x 19 200 = 38 400 KF, soit une augmentation de 14 400 KF par rapport à N. Cette augmentation engendre une variation du BFRE de : 14 400 KF x 23 % = 3 312 KF qui constitue un véritable investissement à financer.
Le BFRE normatif à la fin de N + 1 devient : 5 520 KF + 3 312 KF = 8 832 KF (= 38 400 KF x 23 %).

4

Si le crédit clients est réduit à 30 j. fin de mois, le TE en j. de CATTC passe de 85 j. à 45 j. pour les clients et diminue de 40 j. de CATTC, soit : 40 x 120,6 % = 48,24 j. de CAHT.

Le BFRE normatif est diminué d'autant et devient : 82,86 j. – 48,24 j. = 34,62 j. de CAHT, soit 34,62/360 = 9,62 % du CAHT. Le BFRE normatif à la fin de N + 1 s'élèverait à :
38 400 KF x 9,62 % = 3 694 KF (au lieu de 8 832 KF).
En supposant tout le résultat mis en réserves, le FR fonctionnel à fin N + 1 serait de :
1 640 KF + (38 400 KF x 6 %) = 3 944 KF
et la trésorerie théorique deviendrait positive : 3 944 KF – 3 694 KF = 250 KF.

page 45

1 Calcul des SIG pour N–1

Tableau de calcul de soldes intermédiaires de gestion

n°	Désignation	N		N – 1	
1	Production vendue	3 286		3 036	
2	Production stockée	– 115		35	
3	Production immobilisée	35		40	
4	**Production de l'exercice (1 + 2 + 3)**	3 206	100	3 111	100
5	Matières premières consommées	1 000	31,19	955	30,70
6	Services extérieurs consommés	770	24,02	670	21,54
7	Consommations en provenance des tiers (5 + 6)	1 770	55,21	1 625	52,23
8	**Valeur ajoutée (4 – 7)**	1 436	44,79	1 486	47,76
9	Impôts et taxes	75	2,34	70	2,25
10	Charges de personnel	900	28,07	898	28,87
11	**Excédent brut d'exploitation (8 – 9 – 10)**	461	14,38	518	16,65
12	Autres produits d'exploitation	20	0,62	25	0,80
13	Dotations aux amortissements et aux provisions	145	4,52	135	4,34
14	Autres charges d'exploitation	50	1,56	52	1,67
15	**Résultat d'exploitation (11 + 12 – 13 – 14)**	286	8,92	356	11,44
16	Produits financiers	10	0,31	8	0,26
17	Charges financières	101	3,15	112	3,60
18	**Résultat courant avant impôt (15 + 16 – 17)**	195	6,08	252	8,10
19	Produits exceptionnels	105	3,27	85	2,73
20	Charges exceptionnelles	150	4,68	195	6,27
21	**Résultat exceptionnel (19 – 20)**	– 45	– 1,40	– 110	– 3,54
22	Participation des salariés	0	0	0	0
23	Impôt sur les bénéfices	45	1,40	43	1,38
24	**Résultat de l'exercice (18 + 21 – 22 – 23)**	105	3,27	99	3,18

2 Commentaires

Principaux soldes	N	N – 1	Δ = N – (N – 1)	Δ / (N – 1) x 100
4. Production de l'exercice	3 206	3 111	95	+ 3 %
7. Consommations externes	1 770	1 625	145	+ 8,9 %
dont services extérieurs	770	670	100	+ 14,9 %
8. VA	1 436	1 486	– 50	– 3,4 %
11. EBE	461	518	– 57	– 11 %
15. Résultat d'exploitation	286	356	– 70	– 19,7 %
18. Résultat courant	195	252	– 57	– 22,6 %
21. Résultat exceptionnel	– 45	– 110	65	+ 59 %
24. Résultat de l'exercice	105	99	6	+ 6 %

a/ Globalement, le résultat de l'exercice s'est accru de 6 MF (+ 6 %) et sa part augmente légèrement en pourcentage par rapport à la production. L'évolution semble favorable.
b/ Une analyse de l'évolution des SIG entre N – 1 et N conduit aux constatations suivantes :
– la production évolue favorablement (+ 3 %) mais les consommations externes s'accroissent beaucoup plus vite (+ 8,9 %), les services extérieurs consommés ayant augmenté de 14,9 % ;
– de ce fait, la VA diminue (– 3,4 %) et la décroissance s'accentue ensuite pour l'EBE (– 11 %) le résultat d'exploitation (– 19,7 %), le résultat courant (– 22,6 %) ;
– cependant, le résultat exceptionnel, bien que négatif, s'accroît plus que n'a diminué le résultat courant, si bien que le résultat de l'exercice a augmenté.

c/ En bref, le résultat courant étant un indicateur essentiel de la rentabilité, et la trésorerie d'exploitation potentielle (EBE) ayant diminué, il apparaît que l'évolution est défavorable (cause essentielle : hausse des consommations de matières premières et services extérieurs).

page 51 **Exemple** 1

L'outil de production (= actif économique) est financé par les dettes financières (D) et par les capitaux propres (CP). Toutes les entreprises ont un coût d'endettement de 6 % après impôt, inférieur à ce que rapporte l'outil de production (r'e), si bien qu'il apparaît un surplus entre la rentabilité de l'outil de production r'e et la rémunération forfaitaire versée aux dettes financières (6 %). Rapporté aux capitaux propres, à qui il profite, ce surplus est d'autant plus important que l'endettement est plus élevé.
De ce fait, la rentabilité des capitaux propres r'cp est plus élevée chez D (très endettée) que chez C (peu endettée) :

r'cp de D > r'cp de C

De même, pour les entreprises A et B qui ont même rentabilité de l'outil de production (r'e = 6,67 %), il apparaît un effet multiplicateur de l'endettement ; cet effet profite plus fortement aux détenteurs de capitaux propres de l'entreprise la plus endettée (B), qu'aux détenteurs de capitaux propres de l'entreprise la moins endettée (A) :

r'cp de B > r'cp de A

page 51 **Exemple 2**

* En N – 2, l'entreprise est endettée (D = CP = 500). L'outil de production rapporte 10 % après impôt (r'e = 10 %) et on ne verse aux dettes financières qu'une rémunération forfaitaire de 6 % après impôt.
Le surplus de 4 % (10 % – 6 %) revient aux détenteurs de capitaux propres :
rentabilité des capitaux propres r'cp = rentabilité de l'outil de production r'e + surplus

14 % = 10 % + 4 %

* En N – 1, l'endettement n'est pas modifié (D = CP = 500), mais la rentabilité de l'outil de production après impôt diminue fortement et tombe de 10 % à 4,67 %. On doit verser aux dettes financières une rémunération forfaitaire de 6 % après impôt, si bien qu'il apparaît une perte de :

4,67 % – 6 % = – 1,33 %

Cette perte est supportée par les détenteurs de capitaux propres :
rentabilité des capitaux propres r'cp = rentabilité de l'outil de production r'e – perte

3,34 % = 4,67 % – 1,33 %

* En N, l'entreprise s'est désendettée (D = 0) et l'outil de production est financé en totalité par les capitaux propres. Il n'y a pas d'intérêts à verser aux dettes financières et la rentabilité des capitaux propres est égale à la rentabilité de l'outil de production :
rentabilité des capitaux propres r'cp = rentabilité de l'outil de production r'e = 4,67 %.

page 57

BILAN FONCTIONNEL	31/21/N (1)	31/12/N-1 (2)	Δ (1)-(2)	Flux d'emplois	Flux de ressources
Emplois (Δ⁺ = flux d'emplois ; Δ⁻ = flux de ressources)					
Immobilisations	47	43	4	10 *(a)*	6 *(b)*
Stocks	6	6,5 *(c)*	- 0,5		0,5
Créances clients	4	7,5 *(d)*	- 3,5		3,5
Disponibilités	7	4	3	3	
TOTAL	64	61	3	13	10
Ressources (Δ⁺ = flux de ressources ; Δ⁻ = flux d'emplois)					
Capital et réserves	22	17	5		5
Résultat	3	1,5	1,5		1,5
Amortissements	24	21	3	4 *(e)*	7 *(f)*
Provisions	5	7	- 2	3 *(g)*	1 *(h)*
Emprunts	4	7,5	- 3,5	3,5	
Dettes fournisseurs	6	7	- 1	1	
TOTAL	64	61	3	11,5	14,5
TOTAL GÉNÉRAL				24,5	24,5

(a) Un matériel neuf a été acquis pour 10
(b) Un bâtiment amorti pour 4 a été vendu pour 8,5 (valeur d'origine : 6)
(c) 2 (net) + 4,5 (provision)
(d) 5 (net) + 2,5 (provision)
(e) diminution N
(f) dotations N
(g) reprises sur provisions de N
(h) dotations N

page 89

Dans le cas des projets D et E, VAN et TIR traditionnels sont incohérents. Selon le TIR, D est retenu (TIR le plus élevé) ; selon la VAN, c'est E (VAN la plus élevée). Pour réconcilier VAN et TIR, on calcule l'investissement différentiel E-D (dernière ligne du tableau), dont on détermine le TIR et la VAN. Selon ces deux critères, E-D est acceptable (TIR > 10 % et VAN > 0), et il est rentable de passer de D à E. C'est donc E qui est choisi. La VAN reste le critère de référence.

page 111

– *Taux actuariel r de l'emprunt après impôt*
L'avantage reçu et les économies d'impôt sont affectés du signe +, les décaissements du signe –. Le taux actuariel r est tel que la valeur actuelle des flux nets de trésorerie est égale à 0 :
$100\,000 - 26\,667(1 + r)^{-1} - 25\,333(1 + r)^{-2} - 24\,000(1 + r)^{-3} - 22\,667(1 + r)^{-4} - 21\,333(1 + r)^{-5} = 0$
On trouve r = 6,67 %. On note que : 6,67 % = i(1 – T) = 10 %(1 – 1/3), ce qui peut constituer une méthode rapide de calcul de r lorsqu'il n'y a pas de frais d'emprunt.
– *Taux actuariel r du crédit-bail après impôt*
Les pertes sur économies d'impôt proviennent du non-amortissement du matériel dans le crédit-bail, alors que l'amortissement est effectué dans le cas d'acquisition (emprunt). Ces pertes sur économies d'impôt ne figureraient pas dans le tableau 2 si on avait choisi de les mettre en économies d'impôt, en plus, dans le tableau 1. Le taux actuariel r est tel que :
$146\,000 - 49\,333(1 + r)^{-1} - 49\,333(1 + r)^{-2} - 49\,333(1 + r)^{-3} - 20\,833(1 + r)^{-4} - 4\,833(1 + r)^{-5} = 0$
On obtient r = 7,91 % par interpolation entre 7 % et 8 %.
– *Conclusion* : coût du crédit-bail = 7,91 % > coût de l'emprunt = 6,67 % ; il faut choisir l'emprunt, moins coûteux.

page 119

Intérêts débiteurs = 50 000 x 11,55 % x $\frac{22}{360}$ = 352,92

CFPD = 50 000 x 0,05 % = 25

TOTAL 377,92

Si tj est le taux actuariel quotidien, on aura : 50 000 = 50 377,92 $(1 + tj)^{-22}$
ce qui donne : tj = 0,034 %. Le taux actuariel annuel t_a est tel que :
$1 + t_a = (1 + t_j)^{365}$, ce qui donne t_a = **13,30 %**

page 133

Représentation graphique :

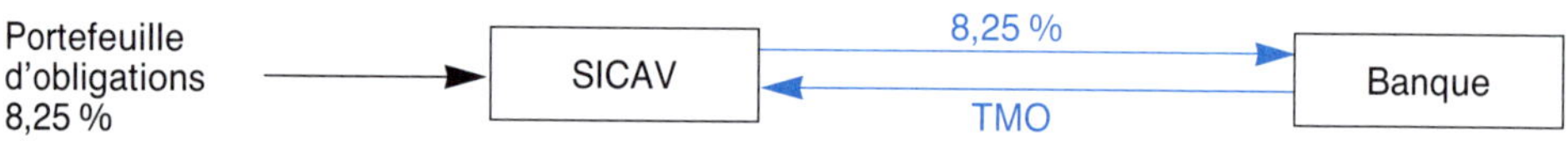

Rendement du portefeuille de la SICAV = 8,25 % – 8,25 % + TMO = TMO
– *1er cas : TMO = 9 %* (anticipations à la hausse vérifiées)
La SICAV recevra 0,75 % de 50 MF (gain par rapport au taux fixe). Rendement = 8,25 % + 0,75 % = 9 %.
– *2e cas : TMO = 7 %* (anticipations non vérifiées)
La SICAV paie 1,25 % de 50 MF ; elle aurait mieux fait de conserver des revenus à taux fixe de 8,25 %. Rendement = 8,25 % – 1,25 % = 7 %

page 143

	01/12/N	01/12/N + 1	01/12/N + 2	01/12/N + 3
Taux maximum		10 %	10 %	10 %
Taux minimum		8 %	8 %	8 %
TMO		6 %	9 %	11 %
Prime versée (CAP)	0,75 % } 0,5 %	0,75 % } 0,5 %	0,75 % } 0,5 %	
Prime reçue (FLOOR)	0,25 %	0,25 %	0,25 %	
Écart de taux versé		8 % – 6 % = 2 %	néant	néant
Écart de taux reçu		néant	néant	11 % – 10 % = 1 %
Coût emprunt après COLLAR	0,5 %	6 % + 2 % + 0,5 % = 8,5 %	9 % + 0,5 % = 9,5 %	11 % – 1 % = 10 %

page 149

Situation 2 : hausse du dollar : 1 USD = 5,50 FRF. L'exportateur abandonne son option et vend ses dollars au comptant à 5,50 FRF.

- Vente de 1 million de dollars à 5,50 FRF = 5 500 000 FRF
- moins prime payée le 1er mars = – 74 900 FRF

total encaissé 5 425 100 FRF

Dans ce cas, la perte de change est limitée au montant de la prime, soit 74 900 FRF.

RÉSULTATS (PERTES ET GAINS) OBTENUS AVEC LES OPTIONS

ACHETEUR D'UNE OPTION D'ACHAT

Anticipation : hausse du cours de la devise

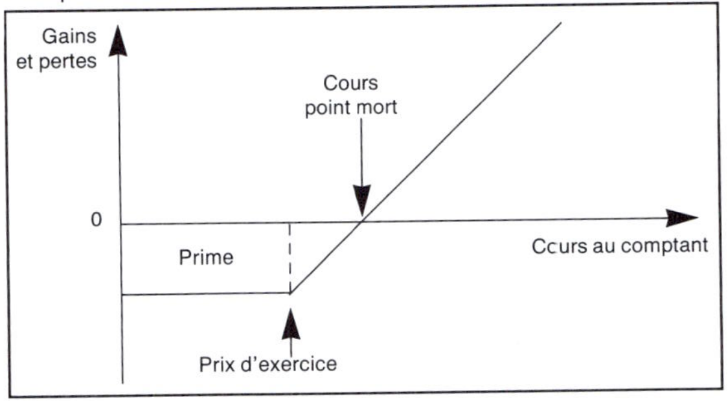

Situation de l'acheteur :
- gain potentiel illimité
- perte potentielle limitée à la prime

VENDEUR D'UNE OPTION D'ACHAT

Anticipation : baisse ou stagnation de la devise

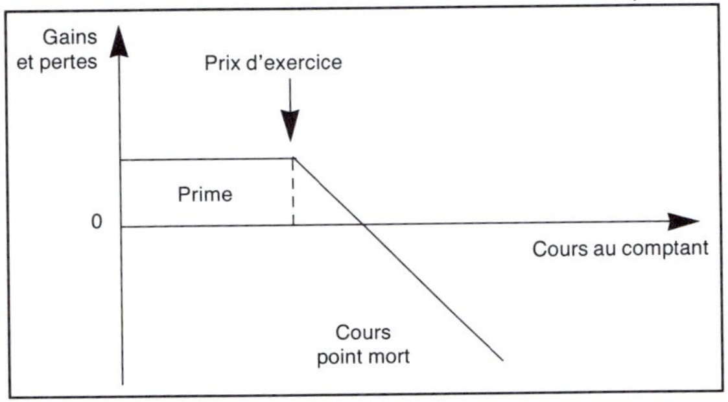

Situation du vendeur :
- gain potentiel limité à la prime
- perte potentielle illimitée

ACHETEUR D'UNE OPTION DE VENTE

Anticipation : baisse du cours de la devise

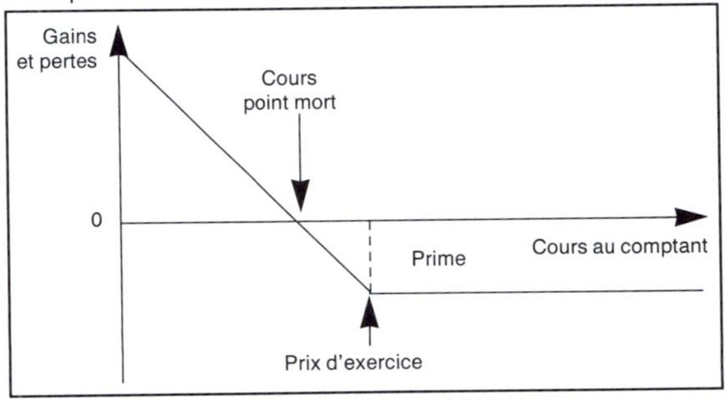

Situation de l'acheteur :
- gain potentiel illimité
- perte potentielle limitée à la prime

VENDEUR D'UNE OPTION DE VENTE

Anticipation : hausse ou stagnation de la devise

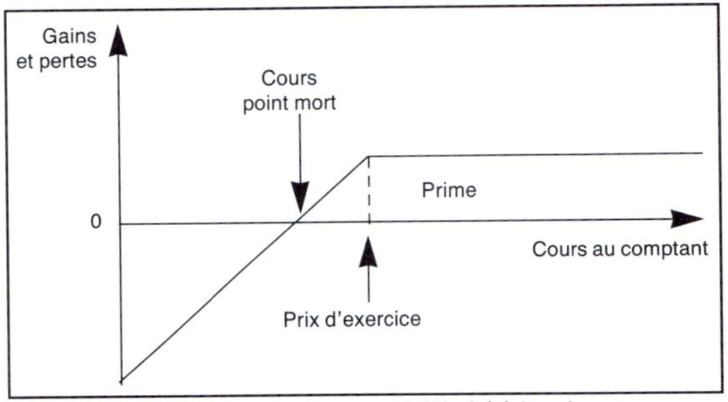

Situation du vendeur :
- gain potentiel limité à la prime
- perte potentielle illimitée

INDEX

Édition : Cécile Geiger
Secrétariat d'édition : Christine Le Thénaff
Maquette : Studio Primart
Fabrication : Jacques Lannoy
Maquette de couverture : Favre-Lhaïk
Illustration de couverture : G. de Montrond - A. Vuarnesson
Crédit photographique de la couverture : Institut Monétaire Européen

N° d'Éditeur: 10046293- (III) - (12,5) - OSBT- 80° - Mai 1998
Imprimerie **Jean-Lamour**, 54320 Maxéville - N° 98040139
Imprimé en France